APPRIVOISER LA VIE

IMPLOSER, EXPLOSER…
OU REBONDIR

DU MÊME AUTEUR

Vivre après l'inceste : haïr ou pardonner, Desclée de Brouwer, 2004.

Amour et violence : le défi de l'intimité, Odile Jacob, 2006.

Les Blessures de l'intimité, Odile Jacob, 2010.

Dr Roland COUTANCEAU

APPRIVOISER LA VIE

IMPLOSER, EXPLOSER… OU REBONDIR

Avec la collaboration d'Emmanuel Haymann

Michel LAFON

7-13, boulevard Paul-Émile-Victor – Île de la Jatte
92521 Neuilly-sur-Seine Cedex

www.michel-lafon.com

Parce que les sucreries donnent un petit plaisir sans qu'on ait autre chose à faire qu'à les laisser fondre, beaucoup de gens voudraient goûter le bonheur de la même manière, et sont bien trompés.

ALAIN, *Propos sur le bonheur.*

– AVANT-PROPOS –

UNE QUÊTE EN MIROIR

– Comment ça va ?

Question récurrente. On la pose plusieurs fois par jour, sans trop insister, sans même attendre la réponse. Mais si l'on s'arrêtait sur ces trois mots, on constaterait qu'ils interrogent sur le ressenti de l'instant. Reformulons la question :

– Êtes-vous dans un moment heureux ou dans un passage difficile ? Vous situez-vous dans une période de bonheur de vivre ou dans une circonstance qui vous fait éprouver la souffrance d'exister ?

Nous vivons tous des moments successifs de bonheur et de malheur, mais nous n'en possédons pas les clés. Comment approfondir notre compréhension du malheur pour le décoder et mieux s'en distancier ? Et ce bonheur que l'on vit parfois, ne faut-il pas également en connaître les ressorts pour bien le maîtriser ?

La vie est une longue traversée de plages positives et d'espaces négatifs. Chacun de nous vit, tour à tour, des instants d'ivresse et des jours plus sombres.

Au-delà de ces vécus, peut-on appréhender et comprendre les raisons pour lesquelles on souffre ? *A contrario*, existe-t-il un secret du bonheur ? Lorsque, traversés par la souffrance, nous croisons celui qui semble aller si bien, ne sommes-nous pas émerveillés ? Connaît-il le secret de la potion magique du bonheur ?

Nous sommes séduits par ceux à qui tout semble réussir. Mais nous sommes aussi aimantés par les malheurs de nos héros. Que ce soit dans la vraie vie ou dans la fiction, nous nous identifions volontiers à des personnages qui sont heureux et nous font rêver ; mais en même temps, nous sommes sensibles aux destins malheureux. Nous connaissons tous ce double mouvement fait d'envie et de curiosité, cette approche qui incite à tenter de comprendre les autres, dans leurs enchantements comme dans leurs tourments.

La vie nous fait parfois traverser des moments un peu angoissants, avec ce sentiment de déprime qui peut inciter certains à tout lâcher et à en finir. Chacun d'entre nous connaît ce cycle de hauts et de bas, mais quelques-uns ressentent plus profondément les plongées dans la douleur d'exister, alors se déroule la longue litanie de la souffrance humaine : les suicides au travail, les affres du corps, la boulimie, l'anorexie… Et puis, pour certains, la souffrance de la vie verse dans la violence, avec son carnaval de faits divers : les crimes passionnels, les violences conjugales, les maltraitances exercées sur les enfants, les homicides… Ces tragédies, qui semblent ne pas nous concerner, nous fascinent pourtant, elles provoquent d'abord une curiosité, puis une envie de comprendre comment cela peut arriver aux autres.

Mon expérience de psychiatre-criminologue m'a appris que ces explosions ne sont souvent que les manifestations paroxystiques d'un mal-être que nous pouvons tous ressentir, à des degrés divers. Même sans aller jusqu'à ces extrêmes, n'avons-nous pas parfois tendance à exprimer notre difficulté à vivre dans un excès limité peut-être, regrettable sûrement ? Claquer la porte de son foyer, quitter son travail avec fracas, prononcer des mots impardonnables peut nous faire entrer dans cette violence quotidienne qui nous déborde et nous dépasse.

À travers le voyage en nous-mêmes que je vous propose, à travers le ressenti des autres, à travers les actes que l'on pourrait accomplir et les gestes que l'on pense ne jamais pouvoir commettre, nous découvrons ce qui nous fait exister dans le rapport aux autres et à nous-mêmes : l'amour, le couple, la famille, le travail, le rapport à notre corps et ce mal-être floconneux qui consiste à souffrir de la vie. Et cette plongée dans l'âme humaine est une quête en miroir : celle des causes de la souffrance, celle aussi des secrets du bonheur.

Dans cette quête, il ne faut jamais renoncer à apprendre. Apprendre de soi-même, bien sûr. Apprendre aussi de ceux qui nous sidèrent par leurs désespoirs lancinants ou leurs débordements incontrôlés, apprendre encore de ceux qui nous étonnent par leur faculté à s'adapter et à rebondir, malgré les vicissitudes et les déceptions. N'avons-nous pas tous la potentialité de nous trouver dans la peau des uns et des autres ?

Apprivoiser la vie

Apprivoiser la vie peut se révéler parfois un long parcours. Dans cette indispensable recherche du bien-être existentiel, nous pouvons suivre quelques pistes… L'ouverture aux autres, la découverte de soi, la libération de la parole, le lâcher prise sont autant de chemins qui conduisent à l'équilibre et finalement au bonheur d'exister.

Roland COUTANCEAU

– PREMIÈRE PARTIE –

RECONNAÎTRE SA SOUFFRANCE

– I –

IMPLOSION, EXPLOSION, ADAPTATION

Les réponses à la souffrance

Isabelle, adolescente de seize ans en classe de terminale, est arrêtée par la police pour avoir essayé de trancher au cutter la gorge d'une femme de soixante ans puis, deux jours plus tard, celle d'un petit garçon de dix ans. Elle ne connaissait ni la dame ni l'enfant.

En général, devant un crime immotivé, on pense à la folie, justement parce que l'acte est fou. En l'occurrence, il n'en est rien. L'acte est fou, c'est vrai, mais Isabelle n'est pas folle.

Je lui demande de décrire son acte…

– J'ai cherché quelqu'un, raconte-t-elle. Je m'étais baladée toute l'après-midi, mais il y avait plein de monde. Et soudain, j'ai vu cette femme de soixante ans. Je l'ai croisée, j'ai réfléchi, j'ai hésité, j'ai fait demi-tour…

Isabelle s'interrompt un instant et poursuit :

– Je l'ai attaquée par derrière, j'ai ouvert la gorge. Mais elle a pris le cutter… elle a cassé la lame… Après, elle est partie et je suis rentrée chez moi.

Son acte en partie accompli, la jeune fille se trouvait désemparée.

– J'ai pensé faire une autre connerie, n'importe quoi… Brûler quelque chose… Je ne savais pas trop quoi.

Le lendemain, elle retourna en ville. L'idée lui vint de commettre une nouvelle agression, puisque d'une certaine manière la première avait échoué.

Elle vit alors ce petit garçon qui se promenait tout seul.

– Je l'ai attaqué par derrière… mais j'avais pas bien mis la lame… alors j'ai pas réussi… Il s'est mis à pleurer, à crier… Je suis partie.

De retour chez elle, Isabelle parla de ses étranges agissements à son petit frère. Le gamin avertit leur mère.

– Elle a envie de tuer quelqu'un !

Mais la mère haussa les épaules, incrédule. Pas un instant elle ne prit au sérieux les instincts homicides de sa fille…

Que découvre-t-on en écoutant cette adolescente ?

Isabelle est une jeune fille qui paraît un peu triste, un peu éteinte, signes de sa dépression. Sur le plan du caractère, elle semble plutôt réservée, un peu rétractée, repliée sur elle-même, assez introvertie. Mais au-delà de ces éléments, elle n'est pas timide, regarde droit dans les yeux son interlocuteur, établit la relation sans gêne particulière. Inutile de chercher du côté de la maladie mentale, pourtant le premier diagnostic auquel on pourrait penser. En effet, face à un crime « fou », au sens populaire du terme, on imagine que l'acte ne peut être commis que par un fou. Erreur, il y a des actes déments commis par des gens qui ne le sont pas.

Voilà donc une adolescente intelligente, calme, contrôlée, présente dans l'échange. Elle s'exprime facilement, reste attentive et semble se concentrer sur les questions que je lui pose.

En revanche, en parlant avec elle, je sens qu'elle n'est pas bien, qu'elle est dépressive, et j'apprends que, dans ce contexte de mal-être, elle a été traversée par des idées de suicide. Dans la vie, elle est un peu déboussolée, dépassée, déconnectée de l'existence, avec des moments de grande lassitude.

Je constate aussi qu'elle est sensible, légèrement susceptible, assez têtue, un peu vive, parfois râleuse, mais sans être ni impulsive ni agressive habituellement. D'ailleurs on ne lui connaît pas d'antécédents de violence.

À un niveau psychologique, alors qu'elle est une bonne élève, elle manque de confiance en elle, se trouve en proie à un vécu d'autodévalorisation. Elle se montre assez préoccupée de l'attitude des autres à son égard et dit avoir souvent l'impression que personne ne s'intéresse à elle, que pour ces autres indifférents elle n'est rien, qu'ils se moquent d'elle. Elle s'est peu à peu isolée, renfermée sur une certaine solitude dans laquelle a germé et grandi l'impression d'être mal aimée, négligée, méprisée.

On voit donc une adolescente en difficulté, en mal-être existentiel, sans que l'on puisse vraiment en déterminer la cause. Dans ce contexte particulier a surgi le passage à l'acte…

Avant de tenter de définir le ressort de cet acte fou, écoutons ce qu'elle en dit quelques semaines plus tard. Elle exprime des regrets et ne comprend pas ses gestes homicides.

– Je n'avais aucune raison de faire ça.

Cependant, elle détaille de façon plus précise le regard porté sur ceux qui l'entouraient…

– J'avais l'impression que tout le monde était heureux sauf moi… et alors, c'est bizarre, c'est curieux, c'est comme si je leur en voulais… Si je n'avais pas été triste avec cette impression que les autres étaient heureux et s'en foutaient, je ne pense pas que j'aurais fait ça.

Une autre idée est également présente dans son discours.

– Je me sentais inférieure aux autres, je pensais que tout le monde était supérieur à moi… C'était comme si je me disais : ils ont des trucs que je n'ai pas. Et tout d'un coup m'est venue une idée : si je tue, j'aurai une supériorité par rapport à eux. Enfin quelque chose qu'ils n'ont pas…

Elle ne décrit pas vraiment comment cette idée lui est venue, ce fut comme une fulgurance qui frappa son esprit. En revanche, elle avoue que ce projet lui donnait « une sensation de toute-puissance ».

Un peu embarrassée, mal à l'aise par rapport à cette sensation analysée après coup, elle exprime avec force ce qu'elle ressent aujourd'hui.

– Quand je suis face à certaines personnes maintenant, je crains qu'elles me regardent comme une tueuse… Je vois qu'elles ont peur de moi… Elles ne me comprennent pas… et pourtant, j'en souffre de passer pour une tueuse… parce que cette idée de tuer, maintenant je ne l'ai plus.

Elle se met alors à pleurer, puis ajoute :

– J'aurais voulu ne jamais avoir eu cette idée…

Elle est un peu inquiète aussi. Elle pense que certains la considèrent comme « anormale ».

– Des fois, on me parle comme si j'étais folle… Je crois qu'un psychologue a dit schizophrène. J'ai entendu dire qu'il fallait me surveiller… Moi, je ne me sens pas folle…

En même temps, elle est capable de réfléchir sur la peur qu'elle inspire.

– Je comprends qu'ils puissent avoir peur de moi… ça ne s'explique pas vraiment… J'ai essayé de tuer sans raison, ça peut faire peur… Mais maintenant je me sens différente, je suis sûre de ne jamais le refaire… Et pour moi, je ne suis pas folle…

Consciente que les conséquences de son acte auraient pu être plus lourdes, elle ajoute :

– Si l'un des deux était mort, ça me rendrait plus dingue d'une certaine manière, je suis contente, plus que contente… je ne sais pas comment dire… qu'il ne soit rien arrivé de grave.

En évoquant ainsi la mort possible de ses victimes, elle fait une association et revient sur ses propres idées de suicide… Elle dit avoir été comme « hantée par la mort ».

Comment comprendre cet acte d'une jeune fille intelligente, qu'on pourrait considérer comme banalement déprimée, plongée dans un mal-être tout à fait courant à l'adolescence ?

On pourrait dire qu'Isabelle est classiquement introvertie, et qu'elle fait preuve également d'une dimension de rigidité. Dans le domaine imaginaire, on trouve chez elle un manque de confiance en elle, là encore relativement banal. Plus intéressant, on décrypte chez Isabelle l'impression que les autres sont heureux alors qu'elle est triste et déprimée, mais en plus qu'ils sont tous indifférents à son malaise de vivre. On décèle chez elle une souffrance subjective et intense, celle d'être rejetée, négligée, dénigrée.

Alors émerge chez elle l'idée qui restera toujours un peu anarchique dans l'agitation de son imaginaire : tuer pour se singulariser, tuer pour leur montrer, tuer pour être supérieure.

C'est toujours dans un moment dépressif, celui où le sujet est lui-même en proie à des idées de suicide, que naît l'idée de s'attaquer aux autres. Les autres considérés comme menaçants, agressifs, nuisibles. Isabelle souffrait et sa souffrance l'a conduite à son acte absurde.

Ce qui est singulier ici, par rapport à d'autres actes du même type, c'est la confidence faite par la jeune fille à son frère. Tout s'est passé comme si Isabelle avait compris que son ressenti était complètement délirant, comme si elle avait voulu voir comment son entourage allait réagir. Or, le système familial n'a pas écouté, n'a pas ponctué, n'a pas accompagné la douleur de vivre de la jeune fille. Il ne lui a pas offert un espace d'expression où aurait pu se vider l'abcès douloureux qui l'a conduite à se singulariser par la violence. Bref, la chance d'assécher la motivation n'a pas été saisie.

L'histoire d'Isabelle illustre parfaitement les liens subtils qui peuvent exister entre celui qui retourne la souffrance contre lui-même et celui qui dirige sa douleur contre les autres. Ceux que j'appellerai les implosifs et les explosifs. Isabelle a pensé au suicide, puis elle a élaboré le projet de tuer pour exister, tuer pour appeler à l'aide…

Trois types de comportements face à la souffrance

Quand l'existence se fait douleur, quand elle est un fardeau trop lourd à porter, le mal qui nous harcèle et nous broie peut se lover dans tous les interstices de la vie quotidienne : sentiments amoureux, rapports familiaux, relations professionnelles, tourments existentiels… Lorsque je me trouve face à un patient, moi l'écoutant, moi le psy, je tente de déterminer d'abord l'origine de son mal-être. Cette souffrance s'exprime-t-elle dans le domaine de l'amour ? Dans la sphère du travail ? Au sein de la famille ? Dans le rapport à son propre corps ? Je cherche l'imaginaire thématique dont souffre le sujet ; car lui-même, le plus souvent, ne parvient pas à le déterminer, il ne ressent qu'un magma global de désolation.

Face à cette souffrance multiforme, chacun réagira selon son vécu, son caractère, sa culture aussi. Les mêmes ressorts de souffrances conduisent, selon les individus, à trois réactions en partie contraires : l'implosion, l'explosion ou l'adaptation.

Le caractère implosif se déprimera avant de s'en prendre à lui-même, parfois par le suicide. L'explosif dirigera sa violence intérieure sur l'autre, jusqu'au meurtre dans les cas paroxystiques. L'adaptatif tentera de se couler dans la situation pour la supporter, la dominer, voire la transformer.

L'idéal serait-il, pour chacun, de trouver en soi des facultés adaptatives ? Sans doute, mais les trois attitudes possibles face aux souffrances de la vie ne sont pas toujours aussi tranchées qu'on pourrait le croire. Certes, notre propre histoire et les mystères de l'esprit humain conduisent quasi immanquablement chacun d'entre nous à réagir de manière spontanée soit en explosif, soit en implosif ou bien en adaptatif. Pourtant, une même personnalité pourra successivement traverser différentes phases. Oui, un individu peut connaître par la pensée des attirances explosives ou implosives, puis finalement s'adapter. Celui-là imagine une scène au cours de laquelle il essaie d'étrangler sa femme, cet autre rêve son suicide, un autre passe successivement par ces deux phases… Et ce ne sera qu'à la suite de ce paroxysme fantasmé d'explosion ou d'implosion que viendra peut-être le temps de l'adaptation. Il fallait donc en passer par l'imaginaire d'un meurtre ou d'un suicide pour réussir à s'adapter.

En fait, le scénario imaginaire de l'explosion est présent chez tout le monde. Sur le thème amoureux, j'ai constaté bien souvent que le crime passionnel intéresse vivement les journaux populaires et donc les lecteurs… Est-ce que tout homme et toute femme aurait envie de tuer son conjoint ? Question vaudevillesque, qui prête à sourire. Il n'empêche qu'une souplesse psychique permet à l'individu sain d'y rêver par éclipses.

Il y a longtemps, l'une de mes premières histoires d'amour se passant plutôt mal, j'ai eu cette pensée qui m'a choqué moi-même : Est-ce que tout ne serait pas plus simple si elle était morte ? Si elle mourait, elle ne se réfugierait pas dans les bras d'un autre et la séparation serait sans doute plus facile à accepter ! Pensée atroce, pensée insupportable… mais qui m'a traversé l'esprit. Cependant, pour vraiment réaliser l'explosion au premier degré, il faut une structure mentale particulière faite d'immaturité, de fragilité, d'impulsivité.

Qu'est-ce donc qui relie les trois états que nous avons indiqués, l'implosif, l'explosif et l'adaptatif ? L'imaginaire et la manière de s'en servir.

L'implosif : le silence de la solitude

Certaines dépressions sévères conduisent à l'implosion, à l'envie de se suicider, au passage à l'acte, éléments souvent liés à un sentiment d'infériorité, à un manque radical de confiance en soi. Dans cette souffrance de ne pas arriver à exister avec les autres, contre les autres, malgré les autres, s'infiltre un sentiment de non-valeur, l'évaluation terrifiante de son propre déficit, de son propre échec. Plus ce sentiment d'autodévalorisation est puissant, plus il fait souffrir et plus s'insinue le désespoir.

– Je suis incapable de supporter une vie qui n'est que souffrance, m'a dit un patient.

L'autodévalorisation revient à garder en soi une part du mal-être et du malaise de l'enfance : ne pas savoir, ne pas comprendre, ne pas maîtriser, ne pas être responsable, le tout mêlé à un sentiment d'abandon. Celui qui n'a pas confiance en lui n'a pas confiance en sa capacité à vivre, en sa faculté à être heureux, en son aptitude à apprivoiser l'existence.

Quand ce manque de confiance en soi paraît sans espoir, quand ce malheur d'être s'amalgame, se solidifie et s'accumule, la dépression est au bout... avec la tentative de suicide.

Les implosifs sont des sujets banalement névrotiques restés un peu enfants avec un sentiment d'impuissance et d'autodévalorisation. Le tout mêlé à un vécu de manque de confiance en soi.

Celui qui souffre par implosion souffre en silence. Il a l'impression d'être seul à vivre le mal qui le ronge si violemment. Il est tellement submergé par son ressenti qu'il se trouve comme enkysté en lui-même. Cette vérité me rappelle un de mes premiers analysants[1] qui disait :

– Je ne comprends pas, je vois tous les gens sourire

1. Ainsi appelle-t-on les patients qui font une psychanalyse.

autour de moi et moi je suis malheureux… Il n'y a donc que moi qui suis malheureux !

Pourquoi cette souffrance se développe-t-elle à bas bruit, à la fois muette et insidieuse ? Pour beaucoup d'êtres humains, la souffrance se présente comme un halo flou et indicible. Ici réside un des éléments les plus étonnants de la souffrance mentale : elle est souvent floconneuse, peu thématisée, et le sujet ne parvient pas à s'en saisir. Il se trouve davantage confronté à une irradiation vibrante de souffrance qu'à une souffrance concrète et identifiable. En cas de deuil familial ou de perte amoureuse, il n'est pas trop difficile d'exprimer sa souffrance. En revanche, une douleur diffuse, une douleur sourde, durement éprouvée, si elle peut se traduire par les maux du corps – malaise ou éruption cutanée par exemple –, ne peut pas toujours se mettre en mots. Et cette incapacité à parler de sa propre souffrance enferme encore un peu plus le sujet en lui-même.

Si l'on trouve un grand flou dans cette souffrance d'implosion, on y découvre aussi une exaspération de l'amour-propre alliée à une peur d'être rejeté, cocktail dramatique qui interdit de verbaliser sa souffrance, qui empêche de parler de son mal.

– Je ne vaux rien… Je n'intéresse personne… Tout le monde s'en fout…, répète le sujet comme une litanie.

En même temps, l'angoisse lancinante fait profondément écho à la souffrance du non-plaisir d'exister… On comprend alors que cette douleur sourde puisse se traduire par un malaise existentiel propre à déboucher sur une envie de disparaître.

De cette souffrance émerge donc une impression intolérable d'impasse : apparente impossibilité d'en sortir, difficulté à trouver des solutions. Le sujet implosif vit profondément en lui-même une situation inextricable.

– Je souffre, je ne sais pas trop pourquoi, et je ne vois pas de manière de m'en sortir, répète-t-il.

D'ailleurs, même quand il y a tentative de mettre des mots sur la souffrance, les paroles restent peu explicites. Chacun ne fait que dire et redire une des raisons de sa peine : jalousie, harcèlement, angoisse de la perte, crainte de la solitude, appréhension du rejet... On décrit la situation, on ne l'analyse pas.

Du reste, quand le sujet devient enfin capable de nommer sa souffrance de façon explicite, il fait un premier pas vers une manière de s'en saisir et finalement de s'en extraire.

L'explosif : la rage de la persécution

Curieusement, certains pourraient imploser, croirait-on, mais vont finalement exploser. Tout commence de la même manière... Rien ne va plus, on pense au suicide... Mais alors que, chez l'implosif, on trouvait l'intensité de l'autodévalorisation, apparaît ici une autre facette de l'âme humaine : la responsabilité attribuée à autrui !

« Si je souffre autant, c'est la faute des autres. Le monde ne veut pas de moi, il veut me détruire, je suis harcelé, persécuté, victime des autres », pense le sujet explosif. Il masque son autodévalorisation par la violence supposée des autres ou d'un seul autre, cela peut suffire. Ce qui émerge dans cette âme déprimée, c'est la persécution.

Effectivement, si j'interprète le comportement des autres comme hostile, si je considère que le monde me veut du mal, si la société est seule responsable de mon destin, j'entre dans une voie sans issue et peux songer à me suicider. Mais dans cette conscience persécutée de l'univers, puisque ces innombrables ennemis se trouvent responsables de mon malheur, je peux aussi vouloir en découdre une bonne fois pour toutes avant de partir... Chez le déprimé supposément persécuté, hanté par les autres, soi-disant victime des autres, la tentation est grande de détruire ces autres qui sont autant de tourmenteurs ! Dans cette conscience dépressive avec plongée dans la mort mentale, le sujet ne risque plus rien puisque plus rien n'a d'importance : « Si Dieu est mort, je peux faire n'importe quoi », disait en substance le philosophe Friedrich Nietzsche.

Ces sujets présentent un tableau inquiétant avec des troubles paranoïaques de la personnalité accompagnés de sentiments intenses de rage, de haine, de vengeance.

– Je souffre parce qu'ils m'ont piégé, ils ont voulu me détruire, ils m'ont empêché d'avoir ma chance, m'a affirmé un patient meurtrier de son collègue de travail.

On se trouve ici face à des personnalités saisies par le démon de la dévastation, qui mettent le feu, détruisent, tuent : « Vous croyez que je ne suis rien, mais j'existe et je vous le fais sentir », veut nous dire le sujet. Celui-ci existe en définitive à travers son comportement violent, réponse à son impression d'être persécuté par les autres.

Quand la force de la persécution l'emporte sur l'autodévalorisation, on se trouve face à une personnalité explosive qui cherche à se venger. C'est le coup de pied de l'âne avant de mourir.

Je me souviens du cas d'un explosif à l'italienne. L'homme disait en pleurant :

– Zouliette, z'ai peur qu'elle me quitte. Si elle me trompe, si elle part, ze souis mort…

Quelques semaines plus tard, il était bien vivant… mais il avait assassiné sa Juliette ! Cet homme donnait l'impression qu'il allait se tuer, et pourtant il a occis sa femme et s'est soigneusement épargné. Il y avait chez cet Italien trop passionné une potentialité implosive, mais l'intensité de la dimension paranoïaque et la force du vécu subjectif de persécution provoquèrent l'explosion.

Si, avant le passage à l'acte, on avait écouté cette personnalité avec une ouïe fine, on aurait peut-être décelé ce cocktail implosion-explosion, avec un risque réel pour autrui. En effet, l'expérience nous apprend que lorsque les deux éléments cohabitent, l'explosion précède toujours l'implosion.

Il me semble que la société – les psychiatres en particulier – n'est pas assez attentive à ces personnalités complexes qui, même quand elles menacent d'imploser, explosent tout d'abord. Si l'on se montrait plus soucieux de repérer le profil des déprimés à la fois explosifs et implosifs, peut-être pourrait-on éviter quelques drames.

D'ailleurs, ces drames spécifiques, dont le scénario devait se dérouler en deux temps, explosion puis implosion, s'arrêtent souvent à la première phase. Après avoir explosé, l'agresseur se trouve subitement détendu, moins anxieux, désormais peu déterminé à s'en prendre à lui-même. L'un de mes patients, coupable de meurtre, m'a confié :

– C'est curieux, après l'avoir tuée, j'ai regretté bien sûr, mais la vie m'a brusquement paru à nouveau intéressante.

Pour essayer d'éviter des tragédies, je tente parfois de prévenir mes patients en y mettant un zeste d'humour et de dérision.

– Vous avez envie de tuer votre conjoint et de vous suicider ensuite ? N'en faites rien ! Une fois l'acte homicide accompli, vous serez tellement détendu que vous renoncerez à vous détruire. Au bout du compte, vous aurez un mort sur la conscience et une condamnation à de longues années de prison !

Sommes-nous tous menacés par l'explosion ?

Voilà une question qui fait froid dans le dos et que l'on me pose souvent. J'aurais tendance à répondre « oui », même si, bien sûr, nous n'allons pas tous jusqu'au crime. Mais ce genre de comportement, même minoré, peut jouer des sales tours en amour, en famille, au travail, dans la vie en général. Claquer la porte d'une entreprise dont le chef de service vous exaspère, voire vous exploite, peut faire du bien « sur le coup », mais ruiner votre carrière professionnelle. Rompre une relation amoureuse, amicale, familiale sous la pulsion d'un sentiment d'incompréhension conduit parfois à bien des regrets… Il est donc prudent, avant de se lancer sur le toboggan de la colère, de réfléchir aux conséquences d'une telle attitude.

Les personnalités fragiles, que l'on qualifie de névrotiques (comme beaucoup d'entre nous), sont davantage sujettes à l'implosion. Ce sont des hommes et des femmes qui présentent une dimension d'anxiété, qui se posent des questions, qui se culpabilisent, qui sont en proie à des sentiments de doute et qui s'estiment détruits par une situation personnelle, affective, professionnelle ou familiale qu'ils ne parviennent pas à maîtriser.

Les caractères portés vers l'explosion présentent, eux, des particularités différentes. Ce sont parfois des frustes, des impulsifs, ils explosent parce qu'ils ne pensent pas, parce qu'ils ont un rapport primaire à la pensée, ont peu de mots à leur portée et s'estiment piégés comme des rats.

La violence agit quand il y a manque de solution, de mots, de pensées, de créativité positive, quand il y a une souffrance brute qui stresse le psychisme sans trouver les voies de dégagement.

D'ailleurs, une fois l'explosion parvenue à son terme tragique, l'individu paraît souvent incapable d'en saisir les soubassements. Dans une première verbalisation, il se contente de marmonner quelques banalités :

– Je ne sais pas ce qui s'est passé… Je n'en pouvais plus… J'ai pété les plombs…

Il ne dit rien sur la période préalable, celle qui expliquerait plus ou moins le passage à l'acte, il ne parvient généralement pas à préciser le déroulé de la période préexplosive, celle durant laquelle le passage à l'acte a couvé.

De la même manière, il n'a pas vraiment d'explication quant au moment de l'explosion. Le plus souvent, il dira qu'il était dans un état second, sous pression, déprimé, fatigué, que l'alcool ou la drogue ont fait subir leur empreinte… En fait, l'explosif ayant explosé ne fait que communiquer sur un moment de fragilité, sur une ambiance déprimée, sans mettre des mots sur la racine thématique, la racine psychologique du passage à l'acte.

Mais attention, chacun d'entre nous peut se trouver, à l'occasion, en déficit ou en difficulté de la pensée. Trois personnes que je connaissais étaient en analyse. Deux d'entre elles étaient en couple et le troisième était devenu l'amant de la femme… Un jour, le mari se rend au domicile de l'amant et donne des coups de hache dans la porte, bien décidé à s'en prendre ensuite à son rival. Interloqué lui-même par la folie de son acte, il s'arrête à temps. Il n'avait pas trouvé les mots, il était à cet instant fruste et explosif… et pourtant bac plus cinq et en analyse ! Nous pouvons donc tous être débordés par l'incapacité momentanée de penser.

Dans le langage psy, les explosifs sont des patients un peu caractériels ou simplement nerveux avec une dimension psychopathique, des pathologies du narcissisme comme une tonalité paranoïaque ou une dimension mégalomaniaque. Dit autrement, ce sont des sujets tendus, stressés, irritables, parfois vifs et impulsifs. Ils ont des troubles du caractère avec souvent une dimension de susceptibilité et d'entêtement.

*
**

Peut-on essayer de distinguer une structure névrotique, capable d'implosion, et une structure dysharmonique avec tendance explosive ?

Le sujet névrosé est capable de s'interroger sur l'autre, de s'intéresser à l'autre, il a tendance à s'autodévaloriser, à penser que tout est de son fait et qu'il est coupable d'une certaine façon. D'où l'implosion.

La structure dysharmonique est plus égocentrée, elle a tendance à parler d'abord d'elle-même, elle est peu autocritique, s'interroge peu sur l'autre et considère que le coupable, c'est l'autre. D'où l'explosion possible.

Bref, les uns ont tendance à chercher la raison de la souffrance du côté de leur déficit, les autres estiment que le mal vient d'autrui.

L'adaptatif : la vie comme les montagnes russes

Quand la vie ne va pas de soi, quand la mélancolie guette, beaucoup d'entre nous peuvent connaître des moments de découragement. Certains peuvent même en arriver à des idées suicidaires ou à des colères ravageuses, mais parviennent à échapper au pire. L'adaptatif est celui qui a la chance d'être tenté par l'explosion ou l'implosion simplement en imaginaire. Il arrive finalement à éviter ces excès pour se relancer. On pourrait dire que l'adaptatif, avec une certaine sagesse, sait que la vie est comme les montagnes russes, avec des hauts et des bas.

Je me souviens, assez jeune, d'avoir éprouvé un certain plaisir à envisager la vie comme cyclique. C'est vrai, le bonheur n'est pas un bien que l'on détient une fois atteint. Tout est souvent à recommencer, à repenser, à reconstruire.

> ***L'adaptatif n'ignore pas que la vie est faite de victoires et d'échecs : quand il est au creux de la vague, il se console en songeant qu'il ne pourra désormais que remonter… Une façon de ne pas désespérer !***

A contrario, celui qui a une vision dramatique de l'existence, celle d'un gouffre aspirant aux parois lisses, reste persuadé que rien ne sert de lutter. Quand tout va mal, il glisse et s'enfonce plus profondément encore. L'image même qu'on se fait de la vie peut ainsi contribuer à la manière dont on va réagir aux événements.

L'adaptatif souffre parfois autant que l'implosif ou l'explosif, mais il n'est pas gagné par un désespoir radical. Il sait que la souffrance ne dure pas éternellement… Et cela fait une sacrée différence ! Au lieu de penser que la tempête n'a pas de fin et ne peut que l'engloutir comme un marin sur un voilier au cœur de la tempête, l'adaptatif attend et espère l'éclaircie. Il peut s'abandonner de temps en temps à un fantasme de violence, qui est explosion, parfois il pense à son suicide, qui est implosion, mais sans jamais passer à l'acte.

Ce patient, décrit comme un adaptatif, est passé par un désir fort de mourir, mais a été capable de dépasser cette tentation grâce à la liberté de son imaginaire. Selon moi, « créativité » est un mot-clé pour sortir de la souffrance. Qu'est-ce que la créativité dans ce contexte ? C'est la potentialité imaginative qui permet d'entrevoir des solutions positives. Dans cette implosivité imaginaire, le patient va trouver l'anxiolyse, la relance, l'envie de revenir sur terre. Un implosé moins créatif va passer par l'acte : la tentative de suicide. Chez l'adaptatif, en revanche, l'implosion a été fantasmée et cet imaginaire lui a suffi pour se dégager. De façon brutale, on peut dire que les personnes dotées d'une intelligence créative moindre se suicident plus facilement que les autres.

J'avais une vingtaine d'années quand j'ai entendu, à la radio, *La Petite Hutte*, une œuvre d'André Roussin qui connut son heure de gloire. On retrouve dans cette pièce de théâtre le trio classique : le mari, la femme, l'amant. Mais ici, il y a basculement. Après avoir été délaissé, le mari tente de reconquérir son épouse. De manière étonnante et inattendue, il se met en situation d'amant suave et fait le deuil de sa confortable position conjugale. Il se montre charmant, attentif, soupirant, et se confie à l'amant : « Savoir que sa femme tient aussi à un autre homme, c'est un ressort prodigieux, mon vieux ! C'est un moyen sûr de ne pas s'endormir dans le mariage et de conserver entre mari et femme cette sorte de coquetterie, cette attention en dehors de quoi il n'y a pas de véritable vie de ménage… »

Avec *La Petite Hutte*, j'ai éprouvé un émerveillement dans mon imaginaire, qui a certainement suscité une créativité suffisante pour me sortir de situations difficiles vécues plus tard.

Ce personnage de mari combatif représente à mes yeux le comble de l'adaptatif. C'est un personnage de théâtre, pensez-vous, un rêve, un songe sorti du cerveau fécond d'un dramaturge… Alors prenons un exemple d'adaptatif dans le monde réel : Nicolas Sarkozy. Il a suffisamment médiatisé sa vie privée pour que l'on puisse en parler librement.

Au mois de septembre 2007, le président faisait savoir à qui voulait l'entendre qu'il restait fou amoureux de sa femme Cécilia. La réalité de la déchirure du couple entraînait un divorce le 18 octobre. Le 15 novembre – moins d'un mois plus tard –, le bouillant chef de l'État se faisait complaisamment photographier à Disneyland au bras de Carla Bruni. Le 2 février suivant, le nouveau couple convolait en justes noces au palais de l'Élysée… Vous avez suivi le calendrier ?

Dans le public, certains sont restés sidérés, incrédules : décidé à reconquérir sa femme en septembre, amoureux d'une autre en novembre, remarié en février ! Impensable ? Non, simplement réaliste et adaptatif.

J'ai eu sur mon divan une analysante, amoureuse sans retour d'un personnage célèbre. Son malaise existentiel était de ne plus parvenir à s'éprendre d'un autre homme. Sa souffrance résidait dans son incapacité à pouvoir investir à nouveau l'amour, elle n'était mentalement plus disponible. Elle ne ressentait pas la souffrance de la perte, mais le vécu douloureux de l'indisponibilité, avec la peur de ne jamais se relever de cet état. Puis, miracle de l'amour…

Chez les sujets capables d'adaptation, la souffrance psychique a une fin. Certains vont traverser ensuite un temps de croisière neutre, parfois assez long, une période sans amour possible, mais d'autres rebondissent assez rapidement. Nicolas Sarkozy représente sans doute, au moins dans le cas que nous venons d'observer, l'acmé de la personnalité adaptative.

Pour rester dans le domaine politique, souvenons-nous du duel Balladur-Chirac en 1995. Tout laissait croire qu'Edouard Balladur devait l'emporter et accéder à la fonction suprême. À la télévision, la journaliste Arlette Chabot demanda à Jacques Chirac s'il songeait à se retirer…

– Vous plaisantez ! se récria le candidat.

Il avait la gagne, et il avait raison ! C'est le syndrome de *La Petite Hutte* : ne jamais renoncer, se relancer constamment.

À l'inverse, voici Lionel Jospin en 2002. Éliminé au premier tour de l'élection présidentielle, il se retira de la vie publique avec une claire connotation implosive et cependant créative : suicide politique ou sortie avec élégance et panache. Mais l'a-t-il regretté ? Lui seul pourrait le dire.

LES THÉMATIQUES DE LA SOUFFRANCE

Quand la souffrance psychique émerge, elle répond toujours à une série de situations déterminées qui provoquent le mal-être… On cherche généralement la clé de la souffrance dans l'histoire de l'individu. Je pense, pour ma part, que la souffrance est en partie imaginaire. Elle témoigne d'une non-créativité de l'esprit. Je m'explique : le sujet investit trop son émotion et laisse libre cours à son imagination, folle du logis qui amplifie démesurément cette émotion. La personne est tellement submergée par la souffrance qu'elle en perd son esprit critique. En effet, un homme abandonné par son amour pourrait se dire : « Elle m'a quitté pour un imbécile qui va la délaisser dans un mois ! » Mais ce serait faire bon marché de la complaisance au malheur, qui aimante les pensées négatives. Bref, on ne saurait trop minimiser la capacité du psychisme à broyer du noir.

La souffrance n'est donc pas toujours liée directement à l'histoire traumatique. En fait, la souffrance est un mystère de l'hyper-investissement. Pourquoi celui-ci souffre-t-il encore deux ans après une séparation plutôt que de se lancer dans la vie nouvelle qui s'offre à lui ? Parce que le sujet surinvestit les idées négatives. Le travail du thérapeute consiste alors à dédramatiser cette fixation de pensées négatives. Ces patients souffrants sont des dépendants de l'affectif : ils se pensent tellement traumatisés qu'ils n'ont plus d'autorégulation, ils ne voient pas même les évidences qui relativiseraient leur malheur.

J'ai eu en psychothérapie une femme séduite et abandonnée, follement amoureuse d'un Don Juan. Elle se vivait profondément autodévalorisée par cette rupture, et par conséquent s'en jugeait plus ou moins responsable. La réalité était bien différente : l'amant était un instable aux problèmes comportementaux récurrents, la plus idéale des amantes ne pouvait rien y faire.

La clé de la souffrance se trouve donc dans l'investissement excessif de pensées destructrices partiellement fausses. Le dégagement réside dans l'analyse de ces fixations irrationnelles, dans le basculement entre la souffrance du deuil, la nostalgie puis le rebond et le renouveau. Hélas, pour certains, cette ouverture sur un nouveau monde ne vient jamais. Quels sont alors les ingrédients qui composent cette soupe délétère ?

Le sentiment de solitude

Cette souffrance « à la folie », qui détruit lentement, peu de gens en parlent de façon explicite, et celui qui la vit croit être le seul à l'éprouver.

Par exemple, il est banal de dire que celui-ci est jaloux, il est même commun de se considérer soi-même comme jaloux, mais est-il facile de reconnaître une jalousie « à la folie » ? Peu de gens verbalisent une jalousie excessive, et plus rares encore sont ceux qui en font la confidence.

Quand le psychisme est débordé par l'angoisse, le sujet éprouve l'impression d'être seul avec sa souffrance. Le sentiment d'être seul au monde isole et intensifie cette souffrance.

La peur du regard de l'autre

Parfois, le regard de l'autre émerge comme une menace floue. L'autre est un risque de critiques, d'interprétations dénigrantes, de paroles persécutrices, de rejet, de railleries.

Certains se posent la question de façon explicite :

– Que pourrait-il en penser ?

Et là, par crainte d'une souffrance plus douloureuse encore, ils hésitent à se confier, ils ont peur d'être moqués, ils craignent d'être identifiés comme des malades.

– J'ai pensé en parler à quelqu'un, mais j'ai craint sa réaction, j'ai eu un peu peur de lui faire confiance, m'a dit un patient.

Parler, c'est toujours prendre un risque : celui d'une blessure d'amour-propre.

Beaucoup de gens ont éprouvé l'expérience de parler de leur intimité à un proche et de le regretter ensuite. Pourquoi ce regret ? Parce qu'on a dévoilé à l'autre un aspect de soi-même sur lequel celui-ci est susceptible de porter un regard critique ou même agressif. Parler de sa souffrance, c'est se reconnaître une faille ou, *a minima,* une fragilité, de quoi en tout cas entailler cet idéal de soi que chacun porte en lui.

On retrouve ce sentiment ambivalent dans toute demande de psychothérapie, forme particulière de confidence. Les gens hésitent souvent avant de faire la démarche : ils vivent comme une blessure, une faiblesse le fait d'être obligés de demander de l'aide.

Le manque de confiance en soi

Dans la plupart des situations de souffrance, on retrouve le manque de confiance en soi. Curieusement, le manque de confiance en soi possède une base irrationnelle, qui n'est pas toujours liée à un passé marqué par la carence, le manque de réalisation, l'absence de soutien affectif, le déficit de gratifications narcissiques. Il n'y a pas de lien direct entre l'absence de confiance en soi et d'éventuels échecs. Beaucoup éprouvent un manque de confiance en eux-mêmes simplement parce qu'ils n'ont pas pris de distance avec une image idéalisée de leur propre personne. En effet, un idéal inatteignable fait souffrir, tout le monde n'est pas Zidane, il ne suffit pas d'aimer jouer au foot…

De la même manière, la confiance en soi ne semble pas directement connectée à des réalisations positives. On pourrait penser que cette confiance en soi reste liée au fait d'avoir été aimé dans son enfance, d'avoir été soutenu, à un ensemble de réussites éclatantes… tout est bien plus mystérieux.

Une idéalisation trop violente

Le sujet est ici victime de lui-même, victime de ses images idéalisées, victime de ses productions, victime de ses formulations, victime de son manque de créativité, cette créativité de l'esprit qui lui permettrait de s'en sortir.

Par exemple, dans l'idéal du couple fusionnel, l'un des deux partenaires pense que s'aimer, c'est aller partout ensemble. Dans l'absolu, cette attitude paraît généreuse, exaltante, mais est-elle possible ? Est-elle même supportable ? Si l'autre refuse une seule fois d'accompagner l'idéaliste, celui-ci le vivra comme un manque d'amour, comme le début du désinvestissement de l'autre, comme une trahison ! On le voit, le sujet souffre de l'image qu'il se fait de la vie à deux, il souffre de l'incapacité de relativiser une situation contrariante. Incapable d'imaginer une situation éloignée de son rêve. Alors, sa destructivité va prendre le dessus. Il souffre de ne pas pouvoir imaginer autre chose que son idéal.

Solitude, peur, instabilité… Plus loin, nous verrons comment agir pour sortir de ces états de souffrance.

*
**

Nous avons tous une réaction particulière face aux trois attitudes possibles devant la souffrance. L'implosif semble proche de nous, car nous avons tous connu un moment de déprime. L'explosif nous fascine, car il est à l'origine de nombreux faits divers étalés dans la presse. Quant à l'adaptatif, il nous séduit par sa capacité d'autoguérison et son aisance à surmonter les problèmes. À travers ma pratique, j'ai connu les uns et les autres, je les ai observés, aidés parfois, j'ai appris à comprendre leur détresse…

Car cette détresse peut aussi être la nôtre. Les raisons de souffrir ne manquent pas au fil de l'existence. Et dans chaque domaine – amour, couple, famille, travail, vie sociale, problèmes existentiels –, nous avons de multiples occasions d'exploser ou d'imploser. Comme je l'ai dit, c'est en analysant ces souffrances « à la folie » que nous pouvons trouver un écho à nos propres désespoirs ou exaspérations, et entrevoir comment éviter de sombrer dans l'excès.

– II –

SOUFFRIR EN AMOUR

Mourir d'amour ou retomber amoureux

Quel est le destin, quel est le vécu de l'amour humain ? L'amour débute toujours de façon délicieuse, il s'agit de choisir l'autre, d'élire l'autre, et également d'être choisi, d'être élu soi-même. Chacun se trouve dans une espèce d'ivresse parce que l'autre l'a désigné. L'amour commence immanquablement par une bulle de gratification mutuelle. On s'aime, c'est merveilleux, je rêvais qu'elle m'aime, et cet amour est partagé… Dans cette bulle à deux, aucune autre femme, aucun autre homme ne peut pénétrer.

Hélas, de façon peut-être excessivement pessimiste, les romanciers et certains psys nous ramènent à la réalité. Françoise Sagan disait qu'un amour ne dure que deux ans, au mieux… Cette précieuse bulle d'ivresse ne subsisterait donc pas plus longtemps ? Montrons-nous optimistes, elle peut sans doute résister davantage, mais il y faut un certain savoir-faire.

Enfin, tôt ou tard arrive un moment où la fameuse

bulle finit par éclater, et le couple adopte alors un rythme de croisière. Or, à l'instant où cette bulle d'ivresse éclate, les autres réapparaissent… Retour brutal à un monde plus humain ! Bienvenue dans la vraie vie !

« L'enfer, c'est les autres », disait Jean-Paul Sartre. Ici, l'enfer c'est le troisième. On peut avoir un partenaire privilégié, mais d'autres circulent, d'autres accrochent le regard, d'autres s'immiscent parfois dans l'existence commune. De façon un peu pompeuse, certains psys ont parlé de « triangulation œdipienne », abandonnons cet aspect théorique pour présenter les événements de façon plus parlante…

LA COMPLAINTE DES MAL-AIMÉS : TROIS SORTES DE SENTIMENTS

A et B étaient dans une bulle euphorique, et soudain C est apparu. B serait-elle attirée par C ? L'inquiétude fait surface. Quels sont les ressentis, les éprouvés, les sentiments plus qu'humains que peut endurer chacun de nous dans la peau de A ? Trois types de sentiments vont l'habiter, de quoi expliquer les explosions et les implosions.

Premier sentiment : l'agressivité

La réaction la plus naturelle, en tout cas la plus fréquente, est de diriger sa colère contre C : « Cette ordure de C me complique la vie… » Le ressenti de A, c'est d'être irrité, énervé, désorienté, décontenancé, de se sentir agressif et violent vis-à-vis de C : « Si C n'existait pas, je retrouverais mon bonheur perdu. » L'idée paraît simple : « C a perturbé ma bulle avec B, si je fais disparaître C, je vais retrouver l'ivresse passée, l'état antérieur, le paradis perdu. » Alors, dans l'explosion, tuer le rival, tuer la rivale, semble la solution.

Deuxième sentiment : le vécu de trahison

Si l'on se met dans la tête d'un A plus lucide, capable de réfléchir davantage, les questions surgissent : si B est attiré par C, est-ce parce que C se montre diabolique, manipulateur, pervers et perturbateur ? Si B craque, est-ce parce qu'elle me trahit et rompt le serment qui nous unit ? Apparaît alors chez A un vécu de trahison. Si ce vécu se fait intense, A ne peut s'en sortir qu'en se retournant contre B. Il commence à mettre en place un ressentiment qui le pousse à agresser, à détruire le partenaire déficient. Bien sûr, il y a des degrés dans la fureur exprimée par A. La violence déployée peut être simplement verbale, mais le paroxysme consiste à tuer l'objet aimé. A veut se venger de la trahison réelle ou supposée de B. Parfois, c'est vrai, il détruit l'objet aimé sur un soupçon infondé… J'ai vu des meurtres de B alors qu'aucune trahison n'avait été commise, mais le sujet pathologiquement jaloux s'était convaincu lui-même que l'autre l'avait trahi. L'idée d'être trahi, ajoutée à l'incapacité de supporter la trahison, alimente jusqu'à l'explosion la rage et la violence.

Troisième sentiment : l'autodévalorisation

A peut donc se retourner contre B ou contre C, mais il y a un troisième vécu extrêmement important pour comprendre la tragédie de ce trio potentiel : si B aime C, c'est que je ne suis rien, que je ne vaux rien ! A s'autodévalorise, se croit quitté parce qu'il ne serait pas assez bien pour B. L'idée que B aime C réactualise en lui ses doutes sur lui-même. Son autodévalorisation se trouve actualisée par le fait que l'être aimant n'aime plus.

Pour une personnalité fragile, sensible, peu confiante en elle-même, l'amour reste la seule valorisation : A ne vaut que parce que B l'aime, si B ne l'aime plus, il ne vaut plus rien. Plus A idéalise l'amour de l'autre, plus il se trouve tragiquement plongé dans la souffrance si cet autre aime ailleurs. On voit que se situe ici une zone de fragilité.

Des personnalités plus construites, plus adaptatives, plus matures ne vont pas faire porter la totalité de leur autovalorisation sur l'amour d'une seule personne. Le sujet plus adaptatif sera déçu, peut-être blessé par le désinvestissement de l'autre, mais il ne sera pas réduit à néant. Un sujet très adaptatif, bien tonique, en arrivera même à penser que l'autre, finalement, a bien tort de le quitter pour le charme peut-être éphémère d'une aventure.

On voit ainsi que, dans la manière de vivre la position de A, nous sommes tous dans la crainte de l'abandon avec notre histoire personnelle : plus on est fragile, moins on a confiance en soi, et plus le vécu d'autodévalorisation s'actualise, se tend et se développe.

Agressivité dirigée contre le rival, sentiment de trahison, autodévalorisation... trois ressorts de la souffrance en amour.

Ces trois ressentis sont potentiellement présents chez chacun d'entre nous, mais des mystères planent sur ces douleurs communes : l'intensité des vécus, la manière dont ils sont gérés, la façon dont ils envahissent la personnalité. C'est là, dans cette faille inexplicable, qu'il faut chercher ce qui distingue les explosifs, les implosifs et les adaptatifs.

Les dessous psys du crime passionnel

Quand j'étais jeune psychiatre, j'étais fasciné par les faits divers. Le fait divers est toujours une énigme. Le lecteur ne s'identifie pas à l'événement, il ne pense pas que la tragédie rapportée pourrait lui arriver, mais il est happé par le drame, par l'homme qui tue sa femme, par l'amant qui revolvérise son rival... En effet, les crimes passionnels passionnent les gens. Il y a les caractères assez souples pour imaginer – mais seulement imaginer – pouvoir commettre un tel homicide, et les autres, qui sont uniquement fascinés par l'énigme...

Autrefois, je lisais attentivement *France-Soir*, à la recherche de ces concentrés de société, mais mes collègues psys m'adressaient des regards méprisants, me faisant sentir qu'il était mal venu de s'intéresser à ces menus cataclysmes. Ils avaient tort.

Ah, le crime passionnel ! Sans lui, la littérature et le fait divers seraient privés de ce frémissement d'horreur et de délices où se mêlent sentiments, violence, soupçon, orgueil. Bref, l'amour et l'amour-propre. Souvenons-nous… Dans la pièce de Shakespeare, Othello, fou de jalousie, étouffe Desdémone ; dans le roman *Notre-Dame de Paris* de Victor Hugo, l'archidiacre Frollo poignarde à mort son rival Phœbus pour l'amour d'Esmeralda, l'affriolante Gitane ; Manda, la terreur des boulevards au début du XXe siècle, tira « pour de vrai » sur le séduisant Dominique pour conserver le cœur de Casque d'Or, la belle à la blonde chevelure… Par ces meurtres, la scène, le livre et la presse ont trouvé le frisson capable de séduire les foules et de les marquer durablement.

Le crime passionnel passionne parce que, dans une certaine limite, nous nous y retrouvons. Il parle à un imaginaire qui nous a peut-être taraudés, pas forcément une réalité que nous avons voulu commettre.

Pour essayer de situer les ressorts de l'explosion appliquée au sentiment amoureux, je vais raconter une histoire vraie… Bernard a fini par tuer sa femme Lucienne. Pourtant, si un ami, voire un psy, l'avait rencontré quelques jours avant son acte explosif, il aurait vu un homme assez ordinaire et sans problèmes apparents. Un regard plus perçant aurait peut-être décelé chez Bernard de petites rigidités dans certains secteurs, mais dans la limite de la normale. Pour parler le langage des psys, Bernard déployait une dimension « abandonnique », manière de désigner une personnalité particulièrement sensible à la perte. En effet, quand on écoute parler cet homme, on comprend qu'il est passé directement du domicile de ses parents à sa relation affective avec sa femme. Pour lui, vivre sans Lucienne était impossible. En dehors de cette affectivité particulière, Bernard travaillait régulièrement, n'avait aucune difficulté évidente, aucun antécédent d'explosion…

*
**

Bernard et Lucienne sont tous deux fonctionnaires. Par la grâce de leur profession, ils rentrent chez eux régulièrement entre 17 et 18 heures. Seulement voilà, depuis quelques jours, depuis quelques semaines, Lucienne rentre chaque soir un peu plus tard : 18 h 30, 19 heures, 19 h 30… Bernard est inquiet, un peu angoissé. Si l'on pouvait entrer dans son esprit, on s'apercevrait qu'il est jaloux et commence à être assailli par de sombres pressentiments : le retard de Lucienne signifierait-il qu'elle a pris un amant ? Mais Bernard ne parle de sa souffrance à personne, ni à Lucienne, ni à un collègue, ni à son meilleur ami. Ses pensées fonctionnent en circuit fermé, elles macèrent dans l'isolement.

Bernard commence à subir des troubles du sommeil, il va moins bien. Il consulte alors son médecin généraliste, mais devant ce praticien, qu'il connaît depuis longtemps, Bernard n'arrive pas à exprimer franchement ce qui le préoccupe. Il banalise ses troubles du sommeil en évoquant des difficultés professionnelles, des licenciements possibles, la crainte de perdre son emploi… En fait, il raconte une autre histoire à son généraliste. Celui-ci, abusé par ce discours, prescrit à son client un médicament hypnotique contre les insomnies. En réalité, Bernard commence à être déprimé.

Et la vie continue… Lucienne rentre toujours avec du retard. Bernard tourne maintenant dans sa tête des idées de suicide. Il se dit, se répète, que sa femme aime sans doute ailleurs, qu'elle pourrait bientôt le quitter. Il pense à tout cela, mais il ne pose toujours pas la question à Lucienne.

Mardi soir, 20 heures… Depuis le début de leur mariage, Lucienne et Bernard ont pris l'habitude de prendre l'apéritif devant le journal télévisé de Patrick Poivre d'Arvor. Petit rite, petit apéro, mais sans excès, sans alcoolisation abusive.

Ce soir, Patrick Poivre d'Arvor est fidèle au poste, mais Lucienne n'est pas là. Bernard est de plus en plus inquiet. À 21 heures, elle n'est toujours pas rentrée. À 21 h 30, Bernard finit par se dire : « Cette fois-ci, j'en suis sûr ! » Jusque-là, il était traversé par l'idée que sa femme pourrait avoir un amant, puis il annulait cette pensée, jouait à cache-cache avec. Mais ce soir-là, Bernard songe : « Ça y est, cette fois j'en suis sûr, j'avais la bonne intuition. » À cet instant, premier basculement, l'homme prend une résolution : « Si elle n'est pas là à minuit, je me suicide. »

Il faut dire que Bernard est chasseur. Il va donc chercher son fusil, le charge, et se promet de se tirer une balle dans la bouche à minuit pile. Il est de plus en plus anxieux, alors, bien que ce ne soit pas dans ses habitudes, il ingurgite un whisky, puis un autre et un autre encore…

Arrêt sur image : voilà un homme un peu rigide, abandonnique, déprimé, en proie à la jalousie, avec des idées de suicide, alcoolisé, qui a un fusil dans les mains. Mauvais cocktail ! On comprend que les choses se complexifient, mais on n'a toujours pas d'explosion. Et Bernard s'assoupit, abruti par le whisky.

Minuit, l'heure du crime. Bernard est endormi sur le divan. Une clé tourne doucement dans la serrure… La porte s'ouvre et, à pas de loup, une ombre entre dans la maison.

Parfois le destin est un peu malicieux ou cruel. Ce qui se passe ensuite est lié à un élément que l'on ne connaît pas encore de la vie du couple : il y a un mois, pour faire plaisir à Lucienne, Bernard a fait poser du parquet en bois dans l'appartement. La silhouette furtive essaye de se glisser de façon discrète dans la chambre, mais le plancher craque ! Bernard se réveille brusquement. Les choses se corsent.

On imagine la première question que pose le mari :

– Où étais-tu ?

L'épouse ne donne pas vraiment de réponse satisfaisante…

– Je suis tombée en panne… La batterie de mon portable est déchargée… J'étais chez ma mère malade…

Évidemment, Bernard attaque avec une deuxième interrogation :

– Avec qui étais-tu ?

Là encore, Lucienne ne répond pas. Et puis, petit détail qui va avoir une répercussion tragique, face à ce fusil chargé pointé sur elle, sans doute stressée par cette situation, elle a la malencontreuse idée de lancer :

– T'as pas les couilles pour tirer !

Phrase à éviter absolument dans ce genre de situation ! Le coup part. Lucienne est morte.

*
**

Si l'on tente de comprendre ce qui s'est passé, on constate que la personnalité du sujet n'est pas tout. On l'a vu, Bernard est un peu rigide, un peu jaloux, un peu abandonnique, mais comme des millions d'êtres humains. Sa jalousie, d'ailleurs, n'était guère perceptible avant que le comportement de Lucienne ne vienne lui donner une certaine épaisseur. Cet homme a des fragilités, certes, mais relativement banales.

En revanche, on peut déceler d'autres ingrédients… Bernard était déprimé. Première fragilisation. Une dépression non diagnostiquée et non traitée représente un facteur de risque, c'est vrai, mais il ne suffit pas à lui seul. Bernard ressassait des idées de suicide. Deuxième fragilisation.

Après la dépression et les idées suicidaires intervient un troisième facteur : l'idée d'abandon. Notre homme pense – à tort peut-être – que si sa femme avait un amant, elle le quitterait. Nous nous trouvons face à une dimension d'autoconviction. Alors que Bernard n'a parlé de ses soupçons à personne – et surtout pas à Lucienne –, il s'auto-intoxique par ses idées. Cet abandon prochain, réel ou supposé, mais en tout cas vigoureusement imaginé, apparaît statistiquement comme un élément de fragilisation chez l'être humain.

Surgit ensuite un quatrième facteur : le contexte. Cet homme, ce soir-là, aurait pu choisir de faire autre chose. Mais non, il a décidé que si sa femme n'était pas revenue à minuit, il se suiciderait. Il a armé un fusil et il s'est alcoolisé. Ces facteurs de contexte majorent le risque.

On trouve enfin le cinquième facteur, conjoncturel celui-là : « T'as pas les couilles pour tirer ! » a crié Lucienne. Elle aurait pu, elle aurait dû ne pas prononcer ces mots-là.

Souvent, dans les faits divers qui nous étonnent, nous sidèrent et nous intriguent, l'acte qui entraîne l'explosion homicide est sous-tendu par plusieurs facteurs, et c'est l'accumulation de ces facteurs qui crée l'explosion.

Je me souviens d'un psychiatre qui, écoutant en cour d'assises l'histoire d'un crime passionnel, fit cette réflexion un peu désabusée :

– Je me demande finalement pourquoi il n'y a pas davantage de gens qui tuent...

C'est justement que, bien souvent, tous les facteurs ne sont pas réunis. Et c'est heureux !

Dans les cas explosifs, l'idée homicide ne suffit pas. Il faut une multiplicité de facteurs. Si certains éléments venaient à manquer, on aurait sans doute de la souffrance, peut-être des envies de meurtre, mais tout resterait au niveau de l'imaginaire, sans passage à l'acte.

Parmi les auteurs de crimes passionnels, on trouve régulièrement des personnalités présentant certaines fragilités : les rigides, qui peuvent friser la tonalité paranoïaque, et les abandonniques, dévastés par l'idée d'être quittés.

Pour illustrer une explosion, on pourrait dire que les fragilités du sujet seraient comme un fusil non chargé. L'arme est potentiellement dangereuse, mais elle est prudemment rangée dans une armoire, et les munitions manquent. Il ne se passe rien encore, le péril reste virtuel.

Seulement voilà, le partenaire menace de s'en aller ou le sujet imagine que l'autre pourrait déserter le foyer… Cette idée d'abandon fournit en quelque sorte les cartouches. Maintenant, nous avons un fusil chargé, mais toujours enfermé dans l'armoire.

Avec la dépression et les idées de suicide, l'arme sort de sa cachette. Nous avons à présent un fusil chargé à portée de mains. La situation se tend.

Puis vient le contexte de situation, c'est lui qui place le fusil entre les mains du tireur. Dans le récit de Bernard, l'alcoolisation crée les conditions du drame à venir. Récapitulons : nous avons un fusil chargé et déjà un doigt posé sur la détente. Mais il n'y a pas encore meurtre.

Enfin arrive le déclencheur, le petit détail, la saloperie de petit détail qui précipite les choses et fait basculer dans l'acte homicide. Il suffit de quelques mots de défi, un ricanement, un sourire interprété comme moqueur… Le doigt appuie sur la détente. C'est le drame.

Voilà, résumée par une succession d'images, la manière dont une personnalité qui a des fragilités arrive à commettre l'irréparable. On le voit, dans les actes les plus fous surgis dans le champ de la vie amoureuse, il y a certes la personnalité du sujet, mais aussi une suite de situations dont l'enchaînement lui échappe en partie.

Bernard, qui est au fond un garçon paisible, croit de bonne foi que son fusil chargé est destiné à lui-même. Il projette sincèrement de se tirer une balle dans la bouche à minuit si Lucienne n'est pas rentrée… Il ignore que certains éléments du scénario le conduisent tout droit à l'acte explosif.

Face au récit d'un drame passionnel, notamment celui de Bernard, l'observateur reste stupéfié de constater que l'homme n'a parlé à personne de ses soupçons. Le retard de l'épouse constituait pour le mari un supplice secret. Le mal qui rongeait Bernard stagnait au fond de lui-même, sa souffrance croupissait, comme du pus émotionnel enkysté qui ne trouvait pas la voie de sortie et suintait à l'intérieur. Le sujet subissait passivement son tourment et n'en faisait rien.

La difficulté à s'ouvrir aux autres : une clé pour comprendre la souffrance.

Deuxième étonnement : pourquoi Bernard n'a-t-il pas demandé des explications à Lucienne ? Comment peut-on souffrir à ce point juste en prêtant à l'autre certains comportements ? On trouve ici un élément fondamental de certains types d'explosions, les plus fréquentes peut-être, les plus humaines sans doute : le sujet qui souffre intensément évite la confrontation.

Des éclaircissements, des paroles posées sur les actes induiraient peut-être une souffrance née de la réalité. Bernard préfère une souffrance imaginaire, un goutte-à-goutte chimérique composé de l'idée qu'il se fait de ce que pourrait décider Lucienne. D'autres individus, plus directs, plus affirmés, plus adaptatifs, demanderaient des comptes, interpelleraient le partenaire, exigeraient des précisions. « Quitte à souffrir, autant savoir de quoi », diraient-ils.

Après le silence observé par Bernard face à son médecin et à ses amis, le secret dans la non-demande d'une confrontation est une deuxième composante qui a mené vers l'explosion tragique.

***

Je me suis beaucoup penché sur le vécu de l'explosif après son crime. Finalement, que pense l'assassin de son geste ? Nous avons vu comment il a dérivé et comment la souffrance a entraîné l'explosion. Nous allons essayer maintenant de voir comment le sujet survit à son acte violent.

Certains sujets témoignent d'une affliction lancinante, mais restent très proches de l'humain dit normal. Souvent, après leur acte explosif, après avoir tué l'objet de leur amour, ils sont malheureux, éprouvent de la culpabilité et du remords. Certes, ils ont dérapé, certes ils ont laissé exploser leur violence, mais cette culpabilité et ce remords traduisent leurs sentiments humains.

J'ai rencontré aussi des personnalités un peu moins

humaines, et qui m'ont abasourdi. Après l'homicide, ils ont avoué avoir des regrets...

– Pourquoi avez-vous des regrets ?

– Parce que je suis en prison !

En quelque sorte, ils regrettaient seulement d'être le dindon de leur propre farce. Voilà ce qu'on appelle « le regret égocentrique ». L'assassin ne déplore pas d'avoir tué, il ne se repent pas d'avoir empêché l'autre de continuer à vivre, il regrette son geste uniquement parce qu'il l'a conduit derrière les barreaux. Le criminel est malheureux parce que le boomerang est revenu sur sa petite personne, il exprime des regrets parce que son amour l'a conduit à une souffrance tragique qui, par ricochet, s'est retournée contre lui.

Enfin, on rencontre un troisième type de vécu, qui va méduser la plupart des observateurs. En effet, certains sujets vont dire en substance : « Je persiste et je signe... »

– Quelqu'un qui me quitte mérite la mort, m'a clairement déclaré l'un d'eux.

– On s'était juré fidélité, elle a manqué à sa parole prononcée devant le prêtre, devant Dieu, devant la vie, disent d'autres, chacun à sa manière.

Un grand paranoïaque m'a avoué franchement :

– Moi, j'ai une conception absolue de l'amour. Quand une femme me quitte, elle est morte.

Ces gens légitiment calmement, presque logiquement, leur acte explosif.

– Il n'y avait pas d'autre solution, marmonnent-ils souvent.

Dans un idéal absolu – souvent exigé de l'autre plus que de soi-même –, la victime méritait la mort car elle a trahi l'amour éternel, enfreint la règle commune, brisé le rêve sacré imaginé ensemble.

Le tragique est ici lié à l'intensité de la rigidité de la personnalité : des caractères entiers, des caractères passionnés, dit-on généralement, mais exacerbés jusqu'au tragique.

L'expression « à la vie à la mort », qui caractérise si bien l'amour dans sa plénitude, prend ici tout son sens, abominable et dramatique.

LE DRAME DE LA JALOUSIE : QUAND L'AMOUR ÉTOUFFE L'AMOUR

Dans le drame amoureux, l'implosion est plus fréquente, plus banale. Je voudrais raconter l'histoire très commune d'un couple miné par une implosion sourde... Ils sont jeunes, ils s'aiment. Hélas, l'un est particulièrement jaloux, alors que l'autre l'est moins. Pourtant, au début, Christian, le moins jaloux, ressent un certain bonheur, une certaine fierté, un certain plaisir à se sentir sollicité par l'intérêt de Josiane... Au quotidien, elle l'enveloppe d'une vive attention pour tous les détails de sa vie, pour ce qu'il fait le matin, l'après-midi, le soir, elle cherche à l'appeler à tout moment de la journée, s'inquiète du moindre retard, l'interroge sur tous les aspects de son existence. Christian se sent particulièrement investi par l'attention de Josiane... Que ressent-il, dans un premier temps ?

– Jamais je n'ai connu quelqu'un qui s'intéressait autant à moi, s'enthousiasme-t-il.

Le premier sentiment de Christian est fait de plénitude : il a trouvé quelqu'un pour qui il représente quasiment la prunelle de ses yeux ! Christian vit donc la jalousie de Josiane comme extrêmement positive.

– Elle est jalouse parce qu'elle m'aime, elle est passionnée par moi…

Au début de l'état amoureux, tout va bien. Christian ne voit pas que ce qui anime l'intérêt de Josiane est une crainte maladive, mais qui avance masquée.

Que se passe-t-il dans la tête de Josiane en ces débuts d'amour ?

– Tout va bien, dirait-elle. Christian accepte mes attentions, répond à mes questions, se montre heureux de toutes mes sollicitations, se laisse aimer comme je rêve d'aimer.

Pour Josiane, c'est cela l'amour : être attentive à l'autre, s'en préoccuper toujours, l'envelopper d'une curiosité qui s'attache au moindre de ses déplacements, à la plus petite de ses pensées.

Fascinant de se dire qu'en amour cette même question : « Tu penses à quoi ? » peut être une merveilleuse interrogation de curiosité altruiste ou l'expression d'une lancinance jalousie morbide… et parfois un mélange des deux attitudes.

Impossible, au début, de dénouer les fils de l'intrigue. La curiosité de l'autre peut être légitime, mais aussi infiltrée par une possession impossible. Chez nos deux tourtereaux, tout se déroule bien tant qu'ils sont dans leur bulle.

Pourquoi les choses se gâtent-elles bientôt ? Si l'on retrouve les mêmes protagonistes quelques mois ou quelques années plus tard, les positions sont un peu différentes. Le quotidien a repris ses droits. On ne peut pas vivre toujours d'amour et d'eau fraîche, on en rêve, certes, mais la vie a ses contingences, il faut travailler, réparer la voiture, faire les courses. Le poids du réel, la réalité du concret vient en effraction pénétrer la bulle fusionnelle à l'intérieur de laquelle Josiane rêvait d'enfermer Christian.

Alors, sans que l'on s'en aperçoive, de façon parfois lente, parfois rapide, une légère perception se fait dans la tête de Christian : « C'est un peu trop. » L'intérêt attentif de Josiane lui paraît soudain excessif.

– Où étais-tu ?

Cette question auparavant banale est maintenant infiltrée par des sous-entendus :

– Pourquoi n'es-tu pas rentré plus tôt ? Tu as bavardé avec madame Untel ? C'était vraiment madame Untel ? N'as-tu pas rencontré quelqu'un d'autre ?

L'intérêt de Josiane ne parvient plus à masquer une obsession, celle du tiers potentiel. Brusquement, la jeune femme se trouve projetée dans un monde où le doute qui se trouve en elle a pris corps : puisque l'on ne peut pas être constamment ensemble, des tiers circulent en permanence…

Christian ressent comme un basculement face à l'intérêt que lui portait Josiane : celle-ci semble lui demander des comptes. Il découvre que cette curiosité, vécue jusqu'ici comme de l'amour, de la passion, devient un procès permanent intenté contre les tiers potentiels qu'il pourrait rencontrer. La jalousie excessive ne peut plus se cacher.

Tout d'abord, Christian est surpris par le discours soupçonneux de Josiane…

– Tu as vu Unetelle, tu t'intéresses à elle, pourquoi es-tu resté une demi-heure avec elle ?

Dans un premier temps, dans une espèce d'économie relationnelle, Christian essaye de rassurer Josiane.

– Ça va pas ? T'as vu la tête qu'elle a ? Mais tu es folle, je ne pense qu'à toi, c'est une amie, une copine…

Il peut aussi pousser un cri :

– Mais tu n'as pas confiance en moi !

Évidemment, Josiane nie.

– Si, si, bien sûr, mais je ne peux pas m'en empêcher, chéri, je t'aime tellement.

Sans s'apercevoir du danger, Christian colmate les brèches au coup par coup. Il tranquillise et argumente. Mais il s'aperçoit petit à petit que cette pommade sur la plaie de l'interpellation n'est jamais satisfaisante. Il commence à se lasser.

Le couple est entré dans la deuxième période. Il n'en est plus au stade où l'intérêt de l'autre est vécu comme un sentiment passionnel, il est passé dans une phase intermédiaire avec des chassés-croisés de sentiments et de paroles.

Quand on écoute un jaloux vivant avec un moins jaloux, on constate curieusement que la jalousie procède souvent par vagues : elle submerge et passe, elle revient et s'apaise. En général, l'intensité de la jalousie n'est pas permanente : il y a des moments où l'on se sent obligé de se justifier, et puis on arrive à rassurer l'autre, puis surviennent des instants où la jalousie semble en sommeil. Après des moments de tension, tout se calme, parfois même le jaloux s'excuse et semble convaincu.

– J'ai douté de toi, j'ai eu tort, pardonne-moi, je t'aime, c'est ma manière de t'aimer…

Le sujet jaloux essaye ainsi de minimiser sa jalousie, de la masquer, de l'apprivoiser rationnellement.

Alors survient la troisième période, inéluctable. On va maintenant assister à une double implosion. Envisageons d'abord cette implosion dans le vécu de Christian…

Un jour, il se réveille avec un sentiment d'étouffement. Il a été pris au piège de se laisser aimer de cette manière. Il a essayé de bricoler, mais il s'aperçoit qu'il n'est plus heureux, qu'il mène une vie suffocante. Et le cortège de l'implosion l'assaille : angoisse, désintérêt, impression de ne pas être libre, sentiment de contrainte. Il a désormais de lui l'image d'un homme traqué. Mais Christian ne veut pas immédiatement désinvestir son amour, alors on va retrouver chez lui les signes de souffrance du sujet harcelé : un tableau anxio-dépressif d'épuisement.

Le goutte-à-goutte du doute et de la suspicion distillé par Josiane a fini par user Christian. Enfin, cette question lui traverse l'esprit : « Est-ce que je ne me suis pas trompé ? » Ce troisième temps est donc celui de l'usure qui mène à la prise de conscience : « Est-ce que je peux continuer à vivre comme ça ? » Ou alors, de manière plus positive : « Je voudrais tant qu'elle change. Si elle n'était pas aussi jalouse, je pourrais continuer à l'aimer. »

On se trouve bien face à une souffrance par implosion de la victime du harcèlement jaloux.

*
**

Envisageons maintenant l'autre côté du miroir, celui du jaloux lui-même. On trouve dans l'aspect entier de la jalousie une rigidité passionnelle assez spectaculaire, et c'est pour cela qu'elle déborde tant au cinéma et au théâtre. Le jaloux crée une dramaturgie fascinante, mais plus sa jalousie est intense, folle, invivable, plus elle est implosive.

Qu'est-ce que la jalousie ? C'est le fait d'être hanté par l'idée de l'infidélité de l'autre comme une réalité, c'est une manière d'être envahi, persécuté, obsédé par l'imaginaire.

Josiane a cru que Christian se laisserait aimer comme elle rêvait elle-même d'être aimée : dans la fusion. Mais être jaloux, c'est interpréter des choses qui n'ont pas de sens. Interpréter un regard, par exemple : s'il regarde cette passante, c'est qu'elle commence à l'attirer… Tout comportement de Christian dirigé vers un tiers est ainsi passé au tamis d'une folie interprétative. Pourquoi Josiane est-elle hantée par les attitudes et les pensées qu'elle prête à Christian ? C'est parce qu'elle triche avec son propre imaginaire.

J'ai eu sur mon divan de psychanalyste un jeune homme qui était alors en plein état amoureux. Il est venu me raconter un rêve dans lequel il faisait l'amour à une autre femme. Il s'est d'abord dit que ce n'était qu'un rêve, et puis ce rêve l'a irrité.

– Je l'aime, et ce rêve m'ennuie, je ne veux pas rêver de ça…

Même quand il aime, l'être humain garde une potentialité dans l'imaginaire et parvient à rêver de scènes d'attraction avec un(e) autre. Ne nous méprenons pas : mon patient peut fort bien se représenter une scène sans avoir envie de la vivre une fois éveillé, il peut rêver et rester tout entier à son amour.

En revanche, le passionné, l'entier, le rigide, refuse cette réalité structurelle, qui fait de nous tous des imaginatifs. « Pour une passion, tout ce qui n'est pas elle est un poison », disait Paul Valéry. Le jaloux joue à cache-cache avec son propre imaginaire, mais n'en est pas conscient. Il a donc l'impression d'être obsédé par l'autre, s'imagine qu'il ne pense qu'à l'autre, prétend n'érotiser que l'autre. Même dans un rêve, veut-il croire, il n'y a pas de place pour une image différente. Le jaloux affirme ne penser à personne d'autre, ne pas regarder les autres femmes ou les autres hommes, le jaloux veut ainsi réaliser un idéal absurde : celui où les autres n'existeraient pas, fusse en imaginaire.

En fait, le fonctionnement psychique humain fait toujours état des représentations non investies… Les autres sont constamment présents, sauf à se crever l'imaginaire !

Le jaloux ne veut pas voir ses propres représentations, ses désirs fugaces, fussent-ils oniriques, et pourtant ils existent. Est-ce pour cela que le jaloux exige de l'autre une fidélité absolue idéalisée à laquelle lui-même ne parvient pas ?

En tout cas, le jaloux persécute l'autre au nom d'un idéal qu'il n'arrive pas à réaliser lui-même. Or on peut choisir de n'aimer qu'une personne, mais on ne peut pas éviter d'être aux prises avec des représentations… Chacun de nous doit trouver la place qu'il accorde à son imaginaire.

Un homme qui a tué sa maîtresse sous le coup d'une jalousie folle m'explique son acte…

– Finalement, j'avais pris l'habitude qu'elle me rassure quand je lui faisais une scène de jalousie et maintenant elle ne me rassurait plus. Elle ne disait plus rien, où alors elle m'agressait en me disant : « Ce que tu es chiant ! » Et moi j'avais comme une souffrance sourde… Je m'en souviens, cette soirée avait commencé… j'étais tendu, énervé, pas content… Elle ne disait rien, et plus elle se taisait, plus je me sentais énervé. Mais en même temps, son silence était un peu énigmatique. J'en souffrais douloureusement, c'était assez confus…

» Et puis est venue la scène. Elle est sortie de son silence, je n'arrive plus à tout me rappeler, mais on s'est dit l'un et l'autre des choses désagréables. Je n'arrivais pas à y croire… Pour la première fois, elle m'agressait. Auparavant, quand elle réagissait à mes scènes de jalousie, je voyais bien qu'elle m'aimait, mais là, tout d'un coup, j'ai eu l'impression qu'elle m'en voulait vraiment. Elle me reprochait mon comportement, ma jalousie intempestive.

» En l'écoutant, je me suis demandé si elle n'était pas en train de me dire qu'elle en avait assez. Qu'elle ne voulait plus de moi. Qu'elle ne me supportait plus, qu'elle ne supportait plus mes scènes. Et puis tout d'un coup, elle a eu une phrase qui a entraîné une souffrance atroce. Elle m'a dit : "Si c'est comme ça, retourne chez ta femme !"

» Là j'étais déjà énervé, mais j'ai senti en moi de la rage. J'ai senti comme une montée de violence, les coups sont partis, j'en ai lâché trois ou quatre et j'ai été étonné moi-même, plus ça allait, plus je lâchais mes coups… Puis elle est tombée…

LE DÉFI DE L'ADAPTATIF : APPRIVOISER LES SENTIMENTS

En matière de jalousie, éviter la souffrance de l'implosion et conjurer le drame de l'explosion exige d'apprivoiser les ressentis. C'est vrai, nous avons tous des flashes de jalousie. Nous avons tous des moments de mésinterprétation du comportement de l'autre. Nous avons tous des instants d'irritation contre des tiers. Nous avons tous traversé des circonstances qui nous ont fait craindre que l'amour de l'autre vienne à nous manquer. Nous avons tous connu des occasions où nous nous sommes sentis déstabilisés à l'idée que l'autre pourrait ne plus nous aimer.

Que se passe-t-il chez les adaptifs ? Comment la plupart des êtres humains gèrent-ils la situation ?

Revenons aux trois vécus : la jalousie vis-à-vis du rival, la crainte du désamour et enfin le désespoir. Pour donner plus de vigueur à notre regard, imaginons l'être adaptatif en situation de jalousie potentielle avec un tiers…

Comment va-t-il réagir ? Il connaît le même vécu que les autres, une espèce d'irritation contre le rival, une peur de ne plus être aimé, il souffre de la perte potentielle et tente de relancer l'autre. Il se trouve, un temps, au bord de l'implosion.

Les deux candidats au second tour des élections présidentielles de 2007 se trouvaient en situation de perte affective personnelle. Ces deux personnages publics, ces deux héros sociaux, ont avoué ou laissé filtrer leur souffrance intime. L'une a remarqué, en substance, combien il était dur de mener un combat politique au moment où elle était abandonnée par son amour. L'autre a connu un moment de glissement quand il n'a pas pu se présenter au journal télévisé de 20 heures. Mais ces deux personnalités adaptatives ont su finalement traverser la souffrance et trouver leurs clés.

Alors ces clés, quelles sont-elles ? Par exemple, quand la souffrance entraîne une créativité – au sens où nous l'avons expliqué, cette capacité imaginative d'entrevoir des solutions –, le sujet peut rebondir, c'est ce qu'a fait le plus réactif des deux. Mais parfois la relance est vouée à l'échec. Que peut-on alors faire de mieux ? On peut apprivoiser ses sentiments, se dire que l'autre a le droit d'exister et vivifier cette pensée : « Si elle n'est pas heureuse avec moi, je dois lui rendre sa liberté. Ce n'est pas parce qu'elle me quitte que je ne suis rien. »

Dans le domaine spécifique de la souffrance liée à des agressions sexuelles, j'ai théorisé ce que j'appelle « la situation de demande ». Les agresseurs sexuels sont en grande majorité des gens qui ne connaissent pas la demande ou qui sont terrorisés pas le refus de l'autre.

Ils sont inhibés d'abord, ils explosent ensuite. Dans les situations de demande de la sphère amoureuse, les gens équilibrés, adaptatifs, savent qu'il y a trois réponses possibles à leur demande : oui, non, peut-être. Plus les gens sont immatures et égocentrés, moins ils supportent le non et plus le non va les détruire… par l'implosion ou l'explosion.

Alors que je préparais une conférence sur ce thème, il m'est passé par la tête un vieux tube interprété par Marcel Zanini : *Tu veux ou tu veux pas ?* Vous souvenez-vous des paroles ? « Et puis, si tu veux pas, tant pis… » Quelle décontraction ! Voilà une image forte du lâcher prise où le refus éventuel de l'autre est déjà accepté, dépassionné, désangoissé dans l'imaginaire de la demande. Cette alternative prise si joyeusement montre que l'amoureux va bien et a trouvé le chemin de la sérénité… D'ailleurs, c'est un bon test : quand on évoque cette rengaine devant une personne top rigide ou trop passionnée, elle va réagir violemment, affirmant péremptoirement que le cher Zanini n'aime personne. La liberté de jeu avec les désirs rêvés de l'autre demeure inimaginable pour certains.

Labouré par les sentiments qui, ailleurs, entraînent explosions ou implosions, le sujet adaptatif est comme les autres : il éprouve de la jalousie, il ressent de l'angoisse, il a peut-être même des moments implosifs, mais de faible intensité. Pourtant, différence de taille, il accomplit un travail sur ses propres sentiments. « Le tiers m'agace, mais après tout il a le droit d'être attiré par ma femme… Ma femme me trahit, mais si elle ne m'aime plus est-ce encore de la trahison ? »

En définitive, l'amour est labile, l'amour ne s'explique pas, l'amour n'est ni logique ni rationnel. L'angoisse, impossible à vivre pour des sujets rigides, est produite par ce fait têtu : même si l'on fait tout pour construire l'amour et le développer, le sentiment reste énigmatique, il n'y a jamais d'assurance tous risques en cette matière. L'amour vient mystérieusement, et peut s'envoler mystérieusement. Cette réalité est insupportable pour ceux qui voudraient tout maîtriser. Les personnalités rigides n'acceptent pas que l'amour puisse s'envoler, surtout quand on n'a rien fait pour mériter de souffrir.

On pourrait décrire le travail psychique que réalise l'être adaptatif sur les sentiments qui dévorent et débordent les explosifs et les implosifs de la manière suivante : « Cette femme ou cet homme qui m'aime, c'est positif, même si je fais tout pour cela et même si je suis un bon partenaire, c'est un miracle permanent. Son sentiment peut se dissiper sans que j'y sois pour quelque chose… » L'adaptatif va faire montre d'un raisonnement mature : « Elle part, c'est triste puisque je l'aime encore, et j'aimerais mieux qu'elle reste avec moi. Mais en même temps, ce n'est pas parce qu'elle me quitte que je me détruis. » Tout se passe ici comme si l'adaptatif avait apprivoisé sa douleur.

La personnalité adaptative comprend que l'amour de l'autre n'est pas totalement lié à sa propre personne, ni à sa valeur intrinsèque. Il parvient ainsi à concevoir que le désamour de l'autre ne découle pas forcément de ses manques.

L'abandonné adaptatif est donc malheureux, mais il n'est pas mort. Et puis, il y a des gens qui ont plus besoin d'aimer que d'autres, plus besoin d'être avec quelqu'un, alors que d'autres goûtent aussi le plaisir d'être « seul peut-être, mais peinard », comme disait Léo Ferré.

– Jamais plus je n'aimerai comme ça…

Cette confidence, beaucoup de gens passionnés me l'ont faite, et heureusement l'ont oubliée, plus ou moins rapidement. Si l'on pense que l'on n'aimera plus avec cette intensité, la vie devient une morne plaine et l'on peut être effectivement détruit.

Sur ce point se révèle l'importance de ces écrivains, de ces poètes, de ces people qui nous racontent leur vécu… Eux aussi ont parfois pensé ne jamais se relever d'un amour achevé et puis dix ans plus tard, un an plus tard, parfois deux mois plus tard, ils ont à nouveau aimé passionnément. Savoir, au fond de soi, que la potentialité amoureuse peut se reproduire est une image d'adaptatif. Les personnalités trop tragiques, trop entières, voudraient qu'il n'y ait qu'un seul amour, ce serait tellement plus beau ! Oui, mais la vie connaît ses réalités…

Une consolation utile : ça arrive aussi aux autres

L'un de mes patients a été en quelque sorte sauvé par Michèle Morgan. L'actrice raconte dans son livre de mémoires, *Avec ces yeux-là*[1], comment elle a adoré Henri

1. Ed. Robert Laffont, 1977.

Vidal, comment elle a cru que le monde allait s'écrouler lorsque l'acteur tant chéri est mort... Et puis, elle a aimé un autre homme, et encore un autre, de façon différente à divers moments de sa vie. Et cet ouvrage a soufflé à un passionné trop rigide l'idée que, finalement, sans savoir vraiment comment, l'amour pourrait revenir un jour dans sa propre vie.

Le drame de beaucoup d'entre nous, êtres humains, c'est que nous ne sommes pas forcément adaptatifs tout seuls. Certains sujets se laissent piéger par l'implosion parce qu'ils n'en parlent à personne, parce qu'ils sont limités par leur petite créativité, parce qu'ils ne cherchent pas à s'identifier à d'autres personnes qui auraient vécu la même difficulté. En revanche, des gens à la personnalité très riche ont en eux-mêmes, dans leur culture, dans leur histoire, un potentiel à s'en sortir, même seuls. Lorsque l'on se sent piégé, il faut savoir écouter ceux qui se sont pris les pieds dans le même tapis... et pourquoi pas Michèle Morgan !

Évidemment, reste la notion du temps... On connaît tous des adolescents qui pleurent le vendredi un amour perdu et rient le lundi devant les promesses d'un nouvel attachement. Ces sympathiques girouettes font sourire, et l'on pense que le rebond rapide est le propre de l'âge tendre. En fait, le sursaut salvateur dépend en partie du hasard de la vie, mais aussi d'une plus ou moins grande capacité d'adaptation. Si le sujet parvient à se dégager totalement du lien précédent, s'il apprivoise sa souffrance, s'il se montre disponible, alors tout devient possible.

Si l'on faisait un sondage pour demander aux gens : « Imaginez que votre conjoint vous quitte. À votre avis, dans combien de temps pourriez-vous être amoureux à nouveau ? », on trouverait sans doute des propositions extrêmement différentes d'une réponse à l'autre. Ce temps que la personne se représente comme nécessaire pour faire son deuil et aimer à nouveau détermine sa propre plasticité amoureuse. Le mieux, bien sûr, n'est pas forcément d'être amoureux le lendemain de la perte, mais il y a un degré de plasticité psychique à travers la représentation d'un nouvel amour possible qui ouvre, pour tous, une voie d'espoir. Si je me dis : « Un jour, je serai de nouveau amoureux », cette pensée m'aide à cuver ma souffrance avec une relative sérénité.

En fait, il s'agit toujours et encore d'apprivoiser la vie.

– III –

SOUFFRIR DANS LE COUPLE

Subir comme en dictature ou se libérer

Jocelyne, jeune femme d'une trentaine d'années, mère de deux enfants, subit la violence de son compagnon depuis cinq ans. Elle a tellement peur de la violence de cet homme qu'elle a eu l'idée, il y a quelques mois, de lui administrer, en douce, des comprimés sédatifs... Dans un premier temps, elle a constaté que son stratagème fonctionnait de manière discontinue : parfois, son compagnon semblait un peu plus tranquille, mais à d'autres moments, il se montrait aussi coléreux qu'à l'ordinaire. Alors un soir, après un nouveau conflit un peu plus tendu que les autres, Jocelyne double la dose...

Au matin, le compagnon est encore écrasé par les sédatifs, il éprouve visiblement beaucoup de mal à émerger. Jocelyne est prise de panique : « Il va finir par se douter de mon stratagème, pense-t-elle, il va se rendre compte, il va savoir... » La jeune femme est terrorisée, saisie par l'angoisse de voir l'homme se réveiller et se montrer plus violent encore que la veille. Alors, elle se met à califourchon sur ce corps engourdi et, de ses mains, étrangle l'homme qui lui fait si peur. Elle serre, elle serre encore, jusqu'à ce que le dernier souffle s'éteigne.

Et puis, sans doute terrifiée par son geste, elle transporte le corps sans vie dans le coffre de sa voiture, et va le jeter au fond d'un lac, lesté d'une pierre attachée à une corde, comme elle l'a vu faire au cinéma.

LA VIOLENCE CONJUGALE

Quand je rencontre Jocelyne, emprisonnée et bientôt jugée, elle se décrit sous l'emprise d'une envie subite de voir son compagnon ne plus se réveiller, jamais. Avec ses mots, elle analyse son acte comme un mouvement soudain d'explosion.

La peur des coups

Il est évident qu'au moment du procès se posera la question de la préméditation, mais là n'est pas notre préoccupation. Restons dans notre logique d'exploration de l'âme, essayons de comprendre la soudaineté de l'explosion de Jocelyne…

Nous sommes devant une jeune femme qui subissait une violence au goutte-à-goutte et vivait dans un contexte permanent de terreur. Elle en était venue à penser qu'elle subirait la violence de son compagnon chaque fois qu'elle ferait mine de penser librement, chaque fois qu'elle s'aventurerait à donner son avis. En effet, dans une logique d'immaturité, d'égocentrisme, l'homme avait un imaginaire fusionnel du couple et ne tolérait pas la moindre contradiction.

Jocelyne me retrace une sorte d'accoutumance à une situation de pression : elle était constamment sur le qui-vive, mesurant ses paroles, subissant la tension et l'angoisse, puis étonnée, hébétée, tétanisée, quand la violence psychologique se transformait en violence physique. Dans le cercle fermé de la famille, cette femme vivait comme dans un pays totalitaire, craignant à chaque instant la violence de l'arbitraire.

Avec Jocelyne, nous mesurons la relation possible entre implosion et explosion. Car si la jeune femme n'avait pas étranglé son compagnon, acte d'explosion, elle n'en serait pas moins restée en implosion. Au-delà de son anxiété chronique, des signes de somatisation étaient déjà apparus… Elle avait consulté pour une symptomatologie fonctionnelle : des spasmes qui ne semblaient liés à aucun problème organique. Elle connaissait aussi des moments de dépression, puis elle reprenait le dessus, « pour mes enfants », me dit-elle.

Avec ses enfants, justement, Jocelyne s'enfermait dans une bulle qui l'aidait à supporter sa dimension d'implosion. Quand le compagnon n'était pas là, elle s'occupait de ses petits, entretenait une relation forte avec eux, se recroquevillait mentalement sur ce noyau affectif.

On se trouve ici devant la situation classique de la violence conjugale : une femme battue, en état habituel d'implosion, se révolte un jour, sans savoir ni comment ni pourquoi. Chez Jocelyne, cette révolte passa d'abord par une tentative solitaire de diminuer la violence de l'homme en l'adoucissant par des drogues, dans un climat évident de risque et de solitude... Puis surgit l'inquiétude, une des clés de son explosion. En effet, on voit souvent chez des sujets en position de soumission pointer la conviction que l'autre pourrait tuer... Dans certains cas, cette pensée favorise l'idée que, pour se défendre, il faut tuer d'abord ! De nombreuses personnes sujettes à des violences, et qui se sont rebiffées jusqu'au paroxysme, m'ont confié :

– J'ai pensé que c'était lui ou moi.

C'est ainsi que cette femme en souffrance, terrorisée à la seule pensée que l'homme pourrait deviner son geste de sédation, l'étrangle dans une bouffée d'angoisse... Voilà les racines de cette souffrance implosive qui, dans les faits et dans le discours de Jocelyne, se transforme en souffrance explosive.

La violence par les mots

Dans le droit-fil de cette situation de violence explosive, je voudrais décrire, plus banalement, une femme face à une violence psychique, manière de se rapprocher de situations plus fréquentes à l'intérieur du couple. Il faut rappeler ici que si, dans la violence physique, nous trouvons grosso modo, au fil des différentes enquêtes, environ neuf hommes violents pour une femme violente, la violence psychologique, en revanche, est mieux partagée. Même si l'on ne dispose pas de statistiques en ce domaine particulier, moins lisible, moins décelable, il n'y a sans doute pas que des femmes qui subissent l'ascendant d'un compagnon impérieux. Des hommes endurent, eux aussi, la violence d'une partenaire excessivement tonique.

Comment décrire la situation de violence psychologique ?

D'abord, le partenaire oppressant manifeste des éléments de rigidité, se montre très directif, avec une tendance autoritaire et, pour le dire en langage psy, fait souvent preuve d'une dimension paranoïaque.

Ensuite, le partenaire oppressé subit des moments de tension, des moments de courroux, l'autre lui parle fort, lui parle mal. On se trouve devant de la colère, des injures, des mots… Or l'être humain, contrairement à l'animal, est sensible au sens des mots. On peut certes faire souffrir l'autre en l'agressant physiquement, mais il existe aussi une manière de faire souffrir, de dominer, de maîtriser, d'étouffer, qui passe uniquement par la parole.

Cette violence psychologique s'installe souvent de façon insidieuse. Dans la vie de couple, la victime constate, dans les premiers temps, que face à un problème de travail, face à un souci, face à une inquiétude, face à une difficulté financière, le partenaire a tendance à se montrer plus nerveux, plus tonique : il lui coupe la parole, se désintéresse de son avis, lui demande presque de se taire tant il est tendu.

Comme cela arrive fréquemment, celui qui subit adopte une interprétation compréhensive du comportement de l'autre… « Il a des soucis, il est nerveux avec moi parce qu'il souffre… » On peut même vouloir tenter une approche positive de cette irritation qui surprend : « Il est vraiment hypersensible, c'est un écorché vif… » On cherche à mettre le comportement de colère, de tension, de cruauté même, sur le compte d'un simple moment de difficulté. Pour sauver l'ambiance de l'amour, l'idée de l'amour, la victime a tendance à penser que ce comportement de violence est à la fois exceptionnel et dû à des circonstances extérieures.

Face à un couple dont un des partenaires est psychologiquement violent, les amis, la famille, les voisins s'interrogent souvent : mais pourquoi est-il (elle) resté(e) si longtemps avec lui (elle) ? C'est qu'il n'est jamais facile d'accepter de perdre la vision idéale portée sur un être dont on a été amoureux.

Dans cette première analyse, la « compréhension » dont la victime « choisit » inconsciemment de faire preuve a l'avantage de ne pas toucher à la vérité du couple, de ne pas remettre en cause la relation avec l'autre. En effet, pendant un certain temps, le partenaire subissant constate avec ravissement que, certains jours, l'autre est à nouveau « comme avant », plus calme, plus attentif… On peut croire quelques instants que tout cela n'était qu'un mauvais moment à passer.

Dans certains cas, le sujet psychiquement violent semble même faire marche arrière : il s'excuse, demande pardon, prend des distances avec sa colère, essaye de retisser du lien et de la complicité dans le couple… D'ailleurs, plus la relation est sophistiquée et plus le sujet oppressant présente cette capacité déroutante d'alterner des moments de violence et des plages de regrets.

Les phases du conflit

– *La première phase* est faite de moments difficiles suivis de périodes d'apaisement, comme un courant discontinu. Dans ces espaces calmes, la victime se récupère, se restaure, se recharge. La vie commune est encore supportable. Malheureusement, ça ne va pas durer. Deux autres phases vont se succéder : la répétition de la violence puis la souffrance de l'implosion.

– *La deuxième phase* est celle où le mode relationnel s'installe, se réactualise de plus en plus fréquemment, par facilité de la répétition. Ainsi se profile le grand danger de toute relation humaine : la difficile gestion des conflits.

Face à un problème qui surgit, confronté à une contrariété inattendue, le partenaire impérieux est tenté de menacer l'autre à nouveau, de l'attaquer encore. Il refuse de s'apaiser et de s'interroger, repousse même une tentative de compréhension de la dissonance du couple.

Pour le partenaire agressif, la violence psychique apparaît dès lors comme une commode conduite du différend. Quand l'autre ne fait pas ce dont le violent rêve idéalement, quand il ne prononce pas les mots attendus, la menace et l'autorité semblent aisées pour régler la situation de tension. L'irritation, le dénigrement, la dévalorisation se répètent donc, deviennent de plus en plus fréquents. Sans que l'on s'en aperçoive immédiatement, ce mode de fonctionnement apparaît non seulement dans les moments où l'on peut penser que le partenaire souffre pour des raisons externes au couple, mais encore quand les partenaires se trouvent en désaccord et ne partagent pas la même analyse de la vie commune. La violence du sujet harcelant se niche désormais au premier chef dans ce qui concerne et constitue le couple lui-même.

Le partenaire violent, qui voit l'autre plier sous la menace, est tenté d'en prendre l'habitude, ainsi est fait l'humain. Pour masquer sa propre souffrance du différend, il généralise cette manière de « clouer le bec » à l'autre. On parle dès lors comme dans une situation de guerre. Qu'est-ce qui est le plus facile en état de belligérance ? C'est de menacer l'autre pour imposer le silence, pour qu'il cesse d'avancer ce qu'il a à dire, pour qu'il s'abstienne de défendre son point de vue.

On doit s'arrêter un instant sur l'une des phrases le plus souvent prononcées dans n'importe quelle altercation du champ social :

– Ferme ta gueule !

Pourquoi trouve-t-on une récurrence aussi courante de cette injonction ? Parce que si l'on réduit « l'ennemi » au silence, on se révèle triomphant dans sa position. En même temps, l'observateur comprend aisément que celui qui prononce ces mots ne supporte pas l'expression de l'autre, la contradiction portée par l'autre. Dans l'immaturité du partenaire impérieux, dans sa difficulté à supporter la différence, cette simple phrase impose le silence. Et surtout, elle apaise cette souffrance de la différence qui lamine toujours le sujet violent.

Entrons maintenant dans le vécu de celui qui subit méthodiquement la violence de l'autre. Ses premières lectures, on l'a vu, consistaient à supposer que cette violence était momentanée, due à des situations conjoncturelles. Bien vite, cette manière de comprendre et de ressentir les événements a disparu devant la réalité de la répétition. Même à ce stade, certains s'accrochent à ce leurre et tentent de tricher avec la vérité. Le juste discernement serait de dire : « Je ne le reconnais plus tel que je me l'imaginais, je ne le voyais pas comme ça… », mais on veut parfois croire encore qu'il s'agit, simplement, d'une mauvaise période, d'une déprime passagère… La victime tente curieusement d'échapper à la lucidité.

Pourquoi celui qui subit ne veut-il pas voir la systématisation d'une forme de domination dans son couple ? Parce qu'il met en place une manière de tenter de sauver son amour et une façon de souffrir moins… On fait le gros dos… On attend… Demain, l'éclaircie viendra… On émergera du cauchemar… Comme me l'a dit une victime :

– On va sortir de cet orage noir…

La situation se complexifie. Celui qui subit souffre de plus en plus, il en vient à reculer, à ne plus exprimer ce qu'il pense. Il prend l'habitude de se taire, de se soumettre, de se résigner. Le travail d'adaptation atténue la souffrance puisque, en restant passive, la victime diminue la tension apparente : éviter l'affrontement réduit l'agression.

Cette pseudo-adaptation peut, en effet, éviter la violence psychique, mais au prix de la passivité, de la résignation, au prix terrible d'une auto-amputation. Encore une fois, on peut comparer cette existence à celle vécue sous une dictature : tout se passe bien, l'ordre règne, mais au prix de quels renoncements ?

Avec son côté anarchique, la vie ne marche pas au pas de l'oie ! On ne peut échapper au différend, et le différend fait souffrir. En cédant trop souvent à un partenaire impérieux, on ne lui rend pas service, et l'on s'éloigne de la bonne santé mentale.

Évidemment, avec le renoncement, il n'y a plus de crise, mais la victime a comme alternative de se taire ou de se dire en accord avec l'avis de l'autre. Certains l'expriment sous cette forme : « Je me sacrifie par amour. » Position exaltante, car la victime garde une bonne image d'elle-même : « Je suis le plus aimant, le plus généreux, le plus compréhensif... », manière de se mettre du baume au cœur. Oui, mais à se montrer trop généreux, on peut se laisser piéger. Surtout les femmes... La culture nous y inviterait même... N'exalte-t-on pas le rôle dominant de l'homme et le rôle aimant de la femme ?

Celui qui regarderait la situation avec lucidité penserait que la victime a été acculée à la passivité, position intenable à long terme. À trop s'amputer, on finit par ne plus vivre.

– *La troisième phase* ne saurait tarder. Soudain, la victime découvre la véritable souffrance d'implosion. Les interprétations de la violence psychologique de l'autre, tentées au cours des deux phases précédentes, ne fonctionnent plus, les vérités partielles que l'on a magnifiées se dissipent. On se sait étouffé. D'abord, l'impression est confuse, on se sent mal, on s'ennuie, on a moins de plaisir à vivre, on affronte un magma de désintérêts…

– Je ressens un malaise, je ne sais pas ce qui m'arrive, j'ai moins de goût aux choses, me disent certains patients.

Quand on a peur de quelqu'un, les renoncements prétendument temporaires se paient très cher. Surgit alors l'image du « mort-vivant » qu'expriment certains souffrants, image symbolique, sans doute un peu excessive.

C'est comme si à gommer sa propre personnalité, à subir le côté impérieux de l'autre, on se vidait soi-même. Serait-on donc le dindon de sa propre farce ? Le violent a annihilé la possibilité de s'exprimer dans la personnalité de l'autre, et tout être humain a besoin du « dire ». Quand on ne s'exprime pas, on n'est rien. De renoncement en renoncement, la victime a été prise au piège et subit désormais un manque d'appétence pour la vie.

Ce manque peut prendre une forme floue et inintelligible, mais il peut aussi induire une lueur de compréhension. La victime entre alors dans le début de la prise de conscience et se pose cette question inévitable : « En renonçant à être ce que je suis, est-ce que je l'aime ou est-ce que je supporte ce que je ne devrais pas supporter ? » Apparaît alors soit une souffrance d'implosion, soit un début de lucidité…

Le sujet en vient à penser qu'il a été piégé dans un mode relationnel délétère. Pourtant, cette phase confuse n'est pas encore une voie de sortie. Les ingrédients minimaux de la prise de conscience, de la distanciation, de l'autocompréhension vont amener à une réaction, certes, mais laquelle et comment ? Constater pourquoi et comment on implose est le début de la lucidité.

Dans les pays totalitaires, ceux qui subissent la tyrannie par choix, par faiblesse ou par passivité implosent de la même manière. Cette implosion se manifeste de diverses façons : le sel de la vie se dérobe, les sujets se retrouvent déprimés, en tristesse chronique. La lucidité et la révolte sont les seules solutions. Et puis, quand le tyran est renversé, tout devient possible, la joie explose… L'existence qui a été écrasée, racornie, déborde brusquement dans le plaisir de vivre !

Quand on ne peut pas débattre dans la bulle du couple, quand toute dissonance est vécue comme un danger, émerge un type d'ambiance qui pourrait être un absolutisme nucléaire : l'un est le tyran de l'autre. Il y a évidemment de grandes différences entre un couple sous pression et une dictature, mais dans la réalité ressentie, on trouve des éléments communs. Dans les deux cas, le prix du renoncement est l'implosion avec son cortège clinique – dépression, symptômes physiques – et son cortège psychique – manque de goût pour la vie, tristesse, absence d'envies, déficit de projets.

Petite analyse raisonnée de la scène de ménage

J'ai essayé jusque-là de représenter de façon intelligible le conflit quand il débouche sur la violence psychologique. Mais le désaccord existe dans tous les couples et ne se transforme pas toujours en agressivité systématique. Que se passe-t-il quand deux personnes formant un couple ne sont pas à l'unisson ? Quel est le vécu du différend ? Si l'on raisonne de façon rationnelle, tout est simple, chacun avance ce qu'il a à dire, donne ses arguments, et le couple cherche à faire une synthèse, tente de trouver un compromis. Il existe aussi une manière affective de gérer la querelle : le plus aimant, le plus souple, le plus compréhensif accepte la position de l'autre.

Gérer ensemble une situation de désaccord est toujours un défi de l'intimité. En essayant de simplifier les choses, on pourrait dire que dans la période d'état amoureux, on parvient magiquement à réaliser une image idéalisée du couple : celle de la fusion. On ne s'en aperçoit pas, mais on surfe tout naturellement sur les différends parce que la complicité amoureuse pousse l'un ou l'autre des protagonistes, parfois à tour de rôle, à se glisser volontiers dans le désir de l'autre. L'amour gomme la divergence. Plus tard apparaît petit à petit une sorte de fissure, chacun campe sur ses positions.

On retrouve ici une réalité humaine constatée ailleurs : le différend, à un niveau archaïque, c'est-à-dire au plus profond de l'âme, crée de la tension puisque chacun, dans son égocentrisme, aurait rêvé que l'autre adopte la même position que lui.

En termes rationnels, il est dans l'ordre des choses qu'il y ait deux projets, deux avis, deux sensibilités, mais dans l'idéal de l'amour, non seulement on rêverait que l'autre soit sur les mêmes positions que soi, mais encore la divergence est vécue comme irritante, agressive, on peut même se surprendre à en vouloir à l'autre… Bref, à un niveau archaïque, le différend est vécu dans le fonctionnement psychique comme une violence. Certes, la partie rationnelle de l'esprit humain ne le comprend pas toujours, mais dans une autre partie de cet esprit humain, à un niveau plus profond, plus enfoui, la divergence est vécue comme une agression. Pour l'affectivité archaïque, l'autre est soudain un ennemi, le couple se place alors en situation de combat.

Plus la personnalité est égocentrée, et plus on constate un déficit de la recherche d'un compromis, d'une solution alternative. En d'autres termes, lorsque le partenaire est immature – et chacun garde une part d'immaturité en soi –, une partie de l'affectivité vit le conflit comme une violence de l'autre.

Cette façon pour le psychisme de vivre les événements se retrouve dans de nombreux domaines ; et quand la vie se complique, tout cela crée des strates qui se surajoutent. Voilà pourquoi certains sont « écorchés vifs », si sensibles et si torturés qu'ils en viennent à frapper l'autre ou à le tourmenter psychiquement pour l'amener à leurs positions.

Je pense que cette affectivité profonde est au travail même dans le couple dit « normal ». On ne se trouve pas ici dans la souffrance chronique mais dans quelque chose de plus banal : la scène de ménage.

La scène de ménage est une expression du débordement de la différence. Notre affectivité archaïque nous infiltre, nous ne songeons plus à gérer sereinement la situation de désaccord par un compromis, nous sommes des combattants, des adversaires.

Dans ce cas-là, le différend est vécu comme douloureux, il s'agit donc de lutter pour amener l'autre à sa merci.

Raisonnons de façon rationnelle : un conflit, ce n'est pas la fin, nous ne sommes pas identiques, nous ne sommes pas semblables, nous pouvons trouver une issue, accepter autrui, nous enrichir de la différence… Ces pensées très sophistiquées, très urbaines, sont sans doute des voies de solution, mais momentanément l'affectivité archaïque n'y trouve pas son compte. Sans que l'on s'en aperçoive, des lames profondes de l'affectivité nous envahissent, et celles-là ne supportent pas le conflit. Le désaccord est donc toujours difficile à maîtriser, la lucidité doit reconnaître que le conflit est un constant défi. La scène de ménage n'est pas négative en elle-même si l'on comprend ce qui s'y joue.

La dynamique adaptative ou les voies du dégagement

Dans le registre du couple, la dynamique adaptative d'une victime de violences psychologiques lui permet de trouver les ingrédients pour se dégager. Tout d'abord, il faut tranquillement essayer de constater ce qui se passe. Au lieu de penser que l'autre est momentanément violent, le basculement intervient quand émerge cette question : « Est-ce que, finalement, ce n'est pas la seule manière qu'il connaisse de gérer la vie à deux ? » Cette désidéalisation inévitable me frappe quand j'écoute l'histoire de nombreux couples…

– C'est quand j'ai commencé à comprendre qu'il n'était peut-être pas comme je l'avais rêvé que la prise de conscience est survenue, m'a avoué cette jeune femme aux prises avec un compagnon violent.

En effet, aimer, c'est se faire une idée de l'autre, une représentation pas forcément idéale, mais au moins positive. Au moment où l'on comprend que l'autre n'est pas comme on le croyait, on commence à se récupérer pour repenser le lien.

Face à un partenaire impérieux, le premier mouvement de lucidité est donc de se dire clairement : « Peut-être est-il comme cela ! », et l'on finit par le voir comme un personnage intolérant et dictatorial. En restant trop gentil, trop passif, trop compréhensif, trop aimant, on se coupe immanquablement de la réalité.

– Je suis une trop bonne poire, me disent souvent les victimes.

Certes, se voir soi-même comme quelqu'un de trop compréhensif est une vue de lucidité, mais la lucidité peut être simplement amère… Une jeune femme m'a avoué :

– Il y a un moment où j'ai compris que j'avais été piégée, mais je ne voyais pas comment m'en sortir.

Ce n'est pas tout de constater… même s'il y a un réel plaisir à comprendre. Maintenant, je sais pourquoi je ne vais pas bien… Je suis en décalage par rapport à ce que je subis, je constate, je vois…

On se trouve sans doute mieux dans la lumière de la lucidité que dans l'obscurité de la souffrance du magma. Comprendre sa souffrance, c'est déjà souffrir moins.

Mais comprendre, ce n'est pas encore se dégager. Alors, quelles sont les solutions pour trouver la paix en soi ? Dans la plupart des cas, le partage avec un tiers permet plus facilement de trouver des issues. Si l'on se trouve face à une personne ayant vécu la même histoire, on se met en position d'écoute : cet autre qui me raconte une aventure identique à la mienne me donne curieusement de la distanciation…

Que ce soit par la confidence d'un proche ou par l'écoute d'une personne qui a connu la même expérience, que ce soit par un film, un roman ou un personnage célèbre, que ce soit encore par des ressources puisées en soi-même grâce à la psychanalyse, la foi ou la culture, on se résout à un partage qui renvoie à des solutions.

La lucidité représente un premier soulagement, en parler constitue un deuxième apaisement. De ce processus découlent les voies de dégagement. Le quitter ? Se révolter ? Lui faire comprendre qu'il souffre pour qu'il se soigne ? Toutes les représentations de solutions doivent être pensées.

Sortir de la souffrance, ce n'est pas simplement se montrer plus lucide, ce n'est pas seulement s'ouvrir aux autres, c'est aussi imaginer les dégagements possibles…

Quitter l'autre ?

J'aime cette image popularisée par le médecin Henri Laborit dans le titre de son livre paru en 1985 : *Éloge de la fuite*[1]. « Se révolter, disait l'auteur, c'est courir à sa perte… la révolte seule aboutit rapidement à la soumission du révolté... Il ne reste plus que la fuite. »

Dans la psychologie de masse, la fuite a pourtant une connotation généralement négative. Fuir n'est pas courageux, fuir est une lâcheté… Je pense avec Laborit que, dans certaines situations, il est souhaitable de faire l'éloge de la fuite. Partir représente parfois la seule bonne solution, la sagesse peut commander d'aller ailleurs. En partant, on se retrouve soi-même : il ou elle n'est plus là, on lui échappe et, magiquement, la victime se récupère. La bulle de l'oppression a été crevée.

On trouve cependant trois difficultés majeures à la fuite. D'abord, il est nécessaire d'affronter l'image sociale négative de la fuite. Ensuite, il faut surmonter la peur de la solitude, car il est plus sécurisant de rester avec quelqu'un, même dans la souffrance. Enfin, l'être humain éprouve fréquemment une culpabilité à quitter l'autre.

Paradoxalement, l'impérieux craque bien souvent sous la menace de l'abandon : sa personnalité potentiellement

1. Réédition 1999, éditions Robert Laffont.

explosive couvre aussi une dimension implosive. Ce sont généralement des gens qui souffrent, et s'ils sont agressifs, c'est parce qu'ils ne maîtrisent pas quelque chose en eux. Poussé à bout, le sujet violent peut prétendre soudain retourner sa violence contre lui-même.

– Si tu me quittes, je me suicide.

Se révolter ?

C'est prendre le risque de la violence radicale. Si je me rebelle face à celui qui est accoutumé à ma soumission, je dois adopter une attitude nouvelle. Je dois devenir quelqu'un de plus héroïque, qui accepte le péril du conflit, situation que je peux craindre parce que je ne la connais pas.

Dans une soirée organisée par une association humanitaire de femmes, je parlais de la violence dans le couple. Dans ce groupe d'une cinquantaine de personnes, cinq femmes ont avoué avoir subi des violences conjugales. Une de ces dames a expliqué qu'un jour, sans savoir ce qui se passait, sans comprendre d'où lui venait cette énergie, elle a pensé qu'elle en avait assez. Au cours d'une scène où son mari essayait de la dominer encore, elle a crié :

– Si tu continues à me traiter comme ça, je m'en vais !

Elle a été étonnée de sa propre force et de sa tonicité. Elle n'avait plus peur de lui, elle avait compris que, sous sa violence, il était faible. Dans un basculement, cette dame a provoqué un choc.

– Je ne te reconnais pas, a marmonné le mari.

Il a lu la détermination dans les yeux de son épouse,

l'a regardée comme s'il ne la reconnaissait pas, puis il est rentré dans sa chambre et n'a jamais plus traité sa femme de la même façon. Une révolte ponctuelle a suffi à arrêter une violence psychologique systématisée et a permis de faire basculer les relations du couple.

Cette anecdote nous démontre que ceux qui harcèlent sont parfois fragiles, et qu'ils ont peur. Si la faille qu'ils portent en eux ne se voit pas, c'est uniquement parce qu'ils ont le rôle du dominateur.

Généralement, les auteurs d'actes de violence ne sont pas sûrs d'eux. Ils ont peur de l'abandon. Cette violence perdure quand leur victime se résigne, quand elle se rétracte sur sa propre passivité.

Beaucoup de tyrans qui paraissent effrayants sont des tigres de papier ! C'est notre passivité qui les a faits rois. Si un élément change dans leur mode relationnel, les rois de la violence sont nus.

Pousser le partenaire oppressant à se soigner ?

Troisième voie de dégagement après la fuite et la révolte : comprendre et accepter que derrière le dominateur se cache un faible. La victime s'est récupérée, elle est lucide, elle souffre moins, elle sait maintenant que c'est l'autre, le violent, l'oppressant, qui ne va pas bien.

On pourrait comparer le dominateur à quelqu'un qui enverrait des ondes à jet continu sur le ou la partenaire. Quand la victime parvient à échapper à cet influx, elle récupère force et lucidité. Elle effectue un travail de compréhension de l'autre, lui signifie non seulement qu'il ne l'impressionne plus, mais encore que ses failles ont été mises au jour.

Radicalité du changement : le violent ne terrorise plus. On le perçoit désormais tel qu'il est : un être en souffrance. On lui parle comme à une personnalité restée un peu enfant et qui a des problèmes. On le regarde comme un être fragile à soigner… L'impérieux a été remis à sa place, la vraie, celle d'un malade. À lui maintenant d'analyser sa propre souffrance.

Une patiente m'a dit, après un long travail de lucidité :

– C'est curieux, un matin, je me suis réveillée, cet homme qui me terrorisait la veille me faisait pitié… C'est à lui de se soigner, moi à présent, je vais mieux.

Tordre le cou à l'idée de la fatalité de la victimisation

Est-on destiné à être victime ? Tout le monde peut-il se retrouver partenaire d'une personnalité violente ou faut-il faire preuve de quelque disposition ? En victimologie, j'ai connu des époques où les psys tentaient de théoriser l'existence de « paratonnerres », c'est-à-dire de gens qui attireraient sur eux les difficultés. Il y a une part de vérité dans cette approche : nous possédons les uns et les autres des capacités diverses à supporter la violence. Dans le monde psy, aujourd'hui encore, nombreux sont mes collègues qui adoptent le concept de répétition : le sujet, victime de lui-même, se prendrait les pieds dans le tapis de façon répétitive. Par exemple, certaines femmes, semble-t-il, tombent constamment sur le même type d'hommes violents. Elles quitteraient leur partenaire trop impulsif pour retrouver, un peu plus tard, un autre compagnon du même acabit. C'est parfois vrai, sans doute, mais je pense que la vision proposée est trop résignée, elle donne l'impression que certains psychismes pourraient attirer la foudre. Non, il n'y a pas de fatalité.

Je préfère voir tout cela d'une autre façon. Face à une personnalité potentiellement impérieuse, il existe dans le psychisme humain des mécanismes qui font que beaucoup d'entre nous peuvent en arriver à subir. Ce n'est pas un destin réservée à une minorité.

Quelle serait alors la différence entre une victime absolue et une personnalité plus tonique capable de se récupérer ? Je crois que la distinction se fait par les caractères psychiques de vulnérabilité qui permettent de se dégager plus ou moins facilement. J'ai entendu des histoires de femmes qui se sont dégagées dès la première gifle !

En d'autres termes, la durée pendant laquelle nous subissons une emprise nous parle de nous-mêmes. N'importe qui peut subir une violence, mais certains s'en dégagent rapidement et d'autres la subissent durablement.

Ma position est une position dynamique. En donnant, comme je viens de le faire, les clés du dégagement, on comprend comment certaines personnalités éprouvent de grandes difficultés à trouver ces voies de sortie. Nous ne sommes pas égaux face à la résilience, cette capacité à souffrir puis à rebondir. La résilience n'est pas une donnée immuable, n'est pas une caractéristique invariable. Par tout ce qu'on vient de décrire, chacun peut trouver son propre chemin pour se dégager. Plus ou moins vite. Nous verrons en deuxième partie de ce livre les moyens mis à notre disposition pour le faire.

– IV –

SOUFFRIR DANS LA FILIATION

Assumer ou refuser le lien

On croit que tout est simple quand l'affectif triomphe dans la famille. Faux ! Lorsque l'autre est trop loin de son propre fonctionnement psychique, quand le père est un hyperactif rebondissant et le fils un mollasson fumeur de haschich, les relations sont dures, malgré l'affectif. J'ai reçu des pères qui m'ont dit, parlant de leur fils :

– J'ai envie de l'étrangler !

Le problème se pose quand on veut s'obliger à aimer parce que c'est la famille. Hélas, la filiation ne suffit pas. On ne peut faire l'économie d'une connexion extérieure au lien parental.

Si l'autre est trop loin de moi, je voudrais l'aimer, mais je ne le peux pas. Il faut donc qu'il y ait des accroches indépendantes du seul fait d'être parent et enfant.

Pour les parents, il faut parfois faire le deuil de l'image de l'enfant idéal… Il faut accepter sa vie potentiellement ratée, adopter un lâcher prise qui permet d'avancer. Parfois, on en arrive à des points de rupture où le parent me lance :

– Au vu de ce qu'il est, je ne veux plus être son père…

Un autre m'a expliqué :

– Maintenant, j'ai coupé. Chaque fois que mon fils vient à la maison, sa mère le reçoit mais pour moi ce n'est plus mon fils, et je me sens bien.

Cet homme a trouvé la paix et a fait cesser en lui la souffrance grâce au désinvestissement du lien biologique qui l'unissait à son fils et en acceptant de ne pas pouvoir aimer cette personne-là.

Ainsi, le rejet se fait parfois parce que l'autre est devenu un être insupportable. Il faudrait parvenir à aimer chez l'enfant l'adulte qu'il est devenu. Pour comprendre la situation, je demande aux gens de se mettre à distance… Cette attitude permet de décanter, de voir où l'on se situe psychiquement.

L'ENFANT REJETÉ : OUBLIER UN INSTANT LES LIENS PARENTAUX

Françoise Dolto disait : « Même les enfants biologiques sont des enfants adoptés. » Cette réflexion conduit à l'acte conscient et volontaire de reconnaître un jeune homme comme son fils, même s'il l'est effectivement. De plus, je ne sais si Dolto l'entendait ainsi, mais l'adoption, réelle ou fantasmée, suppose un devenir moins narcissique que dans le biologique, qui représente son propre prolongement. Cela appelle évidemment une question : l'enfant rejeté l'est-il parce que cet être humain est inacceptable ou parce qu'il ne nous ressemble pas ?

Il existe des situations de rejet d'un parent qui sont compréhensibles, au moins explicables, mais parfois on trouve simplement une incapacité à accepter l'autre. Au cœur même d'une famille peuvent évoluer des êtres humains qui ne se « rencontrent » pas et sont très différents, entraînant opposition et désintéressement.

La filiation est néanmoins une donnée immuable, on peut se quitter, s'opposer, les liens demeurent. Il y a donc des relances, des mouvements, des solutions momentanées.

Je pense que le psy doit accompagner ces mouvements jusqu'à leur terme. Il faut donner aux gens tous les possibles de l'imaginaire, et ils piochent. L'homme qui a décidé que son fils n'était plus son fils, je le recevais en thérapie. C'était un grand industriel, le fils était toxicomane. Il a essayé vainement de l'aimer. Évidemment, si l'autre incarne psychiquement le contrepoint de toutes les valeurs parentales, l'aimer paraît difficile et provoque de la souffrance. J'ai donc formulé les choses de la façon suivante :

– En fin de compte, ce fils, vous ne pouvez pas l'aimer, c'est une de vos vérités.

– Oui, mais ma femme l'aime, elle.

– Sans doute, mais vous n'êtes pas votre femme…

Je ne faisais qu'accompagner sa pensée, je répondais à ce qu'il me disait. Il conclut finalement que si ce garçon n'était pas son fils, il se sentirait mieux… Il en vint à comprendre qu'il devait se retirer du jeu et laisser sa femme agir.

Dans son fonctionnement psychique, il était satisfait que sa femme puisse garder un lien avec ce fils rejeté.

Lors de ces drames familiaux, il faut toujours essayer de trouver des solutions aux conflits en faisant fi des liens de parenté, car si l'affectif peut beaucoup, il ne peut pas tout.

À la suite d'un inceste, des enfants disent :

– Ce n'est plus mon père.

D'autres cherchent à comprendre pourquoi il a fait ça et quelques-uns avouent :

– Je lui en veux, mais je l'aime quand même.

Au cours d'une conférence, j'expliquais ainsi que des enfants pardonnent à leur père l'acte incestueux. Des voix incrédules se sont élevées dans la salle, certains n'y croyaient pas !

Quelques psys incitent les enfants qui ont choisi de rompre les relations avec un père agresseur à renouer le fil.

–Vous ne pouvez rejeter éternellement votre père, vous finirez par en souffrir et le regretter, disent-ils.

Qui sont-ils pour dire ça ? Quelle étrange vision des rapports humains ! Il y a bien des gens qui trouvent leur équilibre en désinvestissant leur père, et l'on pense à Jules Renard qui s'écriait : « Tout le monde n'a pas la chance d'être orphelin. »

Les relations affectives dans la famille sont bonnes quand il y a d'un côté de l'affect et de l'autre la prise en charge des problèmes. Quand les deux se conjuguent, tout va bien, la situation est maîtrisée. Quand tout va mal, au contraire, il faut se poser cette question : « Est-ce que j'aime *naturellement* l'autre ? » Si la réponse est non, il faut prendre la mesure du lien distendu. La lucidité serait alors de défaire ce lien… Conseil agressif, mais réaliste. Après, dans le calme, la relation peut éventuellement se relancer…

Le drame de l'enfant effarouché

Jean-Claude a trente-deux ans. Ce grand gaillard taillé en athlète vient en consultation de sa propre initiative après avoir battu sa femme à plusieurs reprises. Il veut comprendre… Il me raconte longuement sa souffrance d'enfant battu et son devenir d'homme violent, il analyse la trace qu'a laissée en lui une ambiance familiale marquée par les explosions agressives du père. Laissons parler Jean-Claude…

–Aujourd'hui, à l'âge adulte, je viens consulter parce que j'ai été violent avec ma femme. En même temps, j'ai l'impression que les raisons pour lesquelles je me montre agressif ne sont pas directement liées à mon enfance… Enfin, pas seulement… Cette enfance marquée par la violence de mon père a-t-elle banalisé en moi l'émotion de la violence ? D'une certaine manière, c'est vrai, j'ai été habitué à la violence… J'ai peut-être, plus qu'un autre, une tolérance à la violence. En tout cas, elle ne crée pas en moi d'électrochoc.

» Effectivement, j'avais un père colérique qui était souvent à bout. Quand il était très tendu, ça dérapait dans la violence, une violence qui s'adressait à ma mère, il frappait ma mère ! J'étais petit, ça me rendait triste, et je pleurais dans mon lit. De temps en temps, il s'en prenait aussi à moi… Avant l'âge de douze ans, je subissais cette violence, c'était comme un orage qui surgissait, passait et s'éloignait, mais j'en étais venu, évidemment, à ne jamais contrarier mon père. Je parlais peu, j'avais tendance à ne pas dire ce que je pensais, à ne pas prendre de risques. J'étais assez docile, au fond.

» Quand j'essaye de me souvenir, j'avais une espèce d'impression de qui-vive, d'anxiété, comme si les coups de mon père pouvaient s'abattre sur moi à tout moment. J'étais chez moi, mais j'étais tendu, j'avais un peu peur quelquefois, je frissonnais.

» Donc, dans mes souvenirs, j'étais un enfant craintif, un enfant qui avait peur, mais qui était habitué à vivre sur ce qui-vive. J'avais peur que ça arrive, et ça n'arrivait pas si souvent que je le craignais… Mais dans ce que je ressentais, je me croyais en permanence sous la menace d'une violence potentielle.

» Quand je suis devenu un peu plus grand, j'ai de temps en temps réfléchi à ma peur. Je me demandais pourquoi cette peur me tenaillait, mais cette réflexion ne changeait rien à ma passivité. Sans en être totalement terrorisé, je dirais que cela agissait comme une souffrance sourde en moi. Oh, elle n'était pas très vive, parce que je m'y habituais.

Quand la peur perdure au-delà du danger

Et Jean-Claude poursuit son récit…

– Un jour, mon père a tapé ma mère, encore une fois.

Je me suis mis face à lui, et je me suis battu avec lui ! Je me rappelle… C'est parti comme ça, mon père a été étonné. Je commençais déjà à être un grand garçon, un mètre quatre-vingt pour soixante-quinze kilos, et c'est moi qui ai pris le dessus : il est tombé. Il m'a regardé de façon incrédule. Ma mère était un peu mal à l'aise, mais aussi vaguement rassurée.

» Mon père n'a jamais parlé de cette scène, mais à partir de là, il ne m'a plus jamais battu. Il piquait des colères, mais sans passer à l'acte. Pourtant – chose curieuse – cela ne m'empêchait pas de le craindre comme avant. J'avais le sentiment qu'il pouvait de nouveau être violent, je croyais même qu'il pourrait se venger un jour. En fait, dans la famille, on a observé qu'il battait aussi moins souvent ma mère après cet épisode, beaucoup moins souvent, donc finalement mon intervention a changé certaines choses. Mais ça n'a pas radicalement modifié une certaine passivité de ma part.

» Quand j'y repense maintenant, à l'âge adulte, j'aurais rêvé que ce moment de violence à deux soit un basculement, j'aurais rêvé d'être par la suite un adolescent plus affirmé, plus sûr de lui, capable en définitive de ramener son père à la raison. Il était certes devenu moins violent physiquement, aussi bien avec moi qu'avec ma mère, mais l'ambiance psychologique, en tout cas pour moi, telle que je m'en souviens, était la même.

» Adulte, je suis devenu quelqu'un de plutôt timide, qui hésitait à parler, sauf paradoxalement avec ma femme. Pourtant, c'est vrai, j'ai essayé d'être avec elle celui qui impose les choses. On dit parfois que les enfants battus peuvent devenir des parents ou des maris violents. Pourtant, quand j'essaye de réfléchir à ma propre histoire, je ne vois pas de lien direct…

» Ce que j'ai compris de ma propre violence avec ma femme, c'est que je n'ai pas su ouvrir le dialogue. J'avais l'impression que, dans un couple, il fallait que l'homme ait le dernier mot… Alors c'est vrai, finalement, c'est un peu lié à l'image de mon père, mais j'ai envie d'assumer mes actes, je ne veux pas me cacher derrière mon père. Ce serait trop facile de penser que j'ai simplement répondu à un schéma, c'est sans doute plus compliqué que ça… Moi-même, je suis très jaloux, par exemple, alors que mon père ne l'était pas. En fait, je trouve dans ma violence des ingrédients qui me sont propres, et j'ai envie de les assumer comme tels. Certes je vois deux éléments qui sont liés à mon enfance : l'un, c'est que j'ai été habitué à une famille où il y avait de la violence ; l'autre, c'est que mon père m'a donné l'image d'un couple où il était « naturel » que l'homme ait le dernier mot.

» En me concentrant sur mon enfance, je ne trouve pas d'autres éléments… Je souffre beaucoup de la jalousie, trop, j'ai peur de perdre. Mon père, lui, ne semblait craindre à aucun moment que ma mère le quitte ou le trompe, ni dans mon souvenir ni dans ce que ma mère m'a dit de lui. Pour mon père, il y avait une évidence : elle était là, la famille était là. Je n'ai jamais senti chez lui ces choses qui me taraudent, moi : ma jalousie et ma crainte de perdre l'autre. Ces éléments me semblent plus personnels, et c'est ce que je veux travailler pour comprendre ma propre violence avec ma femme…

À travers les paroles de Jean-Claude, on découvre comment une souffrance à bas bruit crée une explosion ponctuelle. Cet homme n'est pas fondamentalement violent, il a été un adolescent passif, facile à vivre, jamais protestataire, parfaitement soumis aux règles familiales. Et l'on assiste brusquement à une dimension d'explosion, un coup de tonnerre dans un ciel serein.

Jean-Claude, enfant effarouché, décrit bien un goutte-à-goutte d'ambiance où il s'habitue à subir. Il garde de lui-même l'image d'un gamin qui s'est laissé faire, mais en même temps, sans que l'on s'en aperçoive tout d'abord, émerge une tension. Il parle de son impression de se trouver en permanence sur le qui-vive, de cette anxiété flottante qui fait souffrir, même s'il y est accoutumé. Ce goutte-à-goutte dont nous parlons, Jean-Claude l'a encaissé passivement, mais il a fini par s'en irriter. Finalement, un jour, cette ambiance a semblé plus suffocante, moins supportable.

Un individu capable de se soumettre de façon répétitive subit à la longue une blessure de dévalorisation, une souffrance d'amour-propre.

Alors, un jour, Jean-Claude s'est montré plus irascible… et il a explosé ! Beaucoup de sujets de ce type passif-explosif m'ont confié comment ils avaient brusquement été saisis par la rage : « Aujourd'hui, ça va changer », ont-ils pensé. Eux-mêmes ont été surpris par leur fureur et leur détermination. On semble assister ici à une sorte de créativité du psychisme qui, à ce moment précis, sécrète la révolte, quand bien même la rébellion et la colère n'auraient jamais été pensées. D'ailleurs, Jean-Claude m'a rapporté qu'au moment où il tapait sur son père, il se disait en lui-même : « Mais qu'est-ce qui se passe ? Je deviens fou ! » La scène qu'il vivait lui semblait inimaginable.

Le passif-explosif : quand les eaux profondes s'agitent

L'explosion est une réponse apportée à une profonde saturation, un ras-le-bol pourrait-on dire. Ras-le-bol de la soumission, ras-le-bol de la peur. Cet abcès aigu de rancœur libère une rage d'ordinaire parfaitement contenue. Ce qui est curieux dans ces moments-là, c'est que l'instant de révolte surprend et déconcerte parfois le sujet lui-même.

Pour certains auteurs de comportements violents, les proches lèvent les yeux au ciel en soupirant :

– Bof, ça ne m'étonne pas de lui…

La violence, en effet, est si présente dans leur quotidien qu'ils ne s'étonnent guère d'un mouvement explosif.

D'autres violents, en revanche, sont perçus comme doux et passifs.

– Il ne ferait pas de mal à une mouche, dit-on d'eux.

La famille est donc frappée de sidération devant un soudain épisode de violence…

Car telle est la caractéristique du passif-explosif : la violence chez lui peut être aussi radicale que celle déployée par l'impulsif ordinaire, mais il s'agit d'une déflagration à un coup. Généralement, elle ne se renouvelle pas.

Dans ce cas-là, tout se passe comme si la révolte potentielle travaillait en souterrain. Le sujet n'est pas conscient de la colère qui gronde en lui, il a l'impression que son destin est de subir, il devient même un peu fataliste. Mais quelque chose s'agite dans les eaux profondes… Une créativité de l'inconscient propose une voie de dégagement. Cela ne suppose pas qu'il faille obligatoirement se montrer violent pour s'en sortir, mais il faut avoir la représentation de la violence. Dans notre cas, la créativité de dégagement du psychisme circule d'abord à bas bruit, de façon cachée, et facilite ensuite une explosion. Bref, une lave souterraine monte à la surface et submerge le sujet.

Bien sûr, il n'y a jamais de règles figées en ce qui concerne les profondeurs du psychisme humain : certaines personnalités passives-explosives ne réagissent pas comme Jean-Claude. Elles voient, elles, arriver le moment de rupture, elles promettent, pour la prochaine fois, de ne pas accepter, de répondre, de s'exprimer, de se mesurer à la violence. En quelque sorte, elles programment leur explosion.

Pour en revenir à Jean-Claude, il n'est pas inintéressant de noter qu'il est venu volontairement en psychothérapie après avoir commis des violences sur son épouse… Or, on a entendu son discours, on a vu comment il avait été étonné de sa propre réaction face à la violence exprimée de son père, sidération durable qui a perduré dans les mois suivants, les années suivantes. Mais le regard de cet homme sur sa propre violence à l'âge adulte apparaît complexe et sophistiqué, sa violence d'époux n'est pas une simple reproduction de la violence paternelle. Autrement dit, l'explication de sa violence de mari ne se trouve pas que dans la violence subie quand il était enfant. Jean-Claude comprend ce qui résulte de son enfance particulière, mais il perçoit aussi des facteurs plus personnels, plus en rapport avec son imaginaire du couple.

Tentons de donner une clé de la passivité qui se mue en explosion. On a compris que cette explosion bien particulière reste liée à un goutte-à-goutte qui fait subir au psychisme l'agression de l'autre. Mais allons plus loin. Pour comprendre combien cette violence peut se montrer particulièrement destructrice, soulignons qu'un être humain, même passif, vit la violence subie comme intolérable, comme une humiliation permanente, douloureuse.

Selon moi, toute passivité laisse une trace de blessure narcissique dans le psychisme, vérité pour chacun de nous, vérité pour ceux qui vont verser dans l'implosion, vérité pour ceux qui vont basculer dans l'explosion. C'est l'intensité du vécu d'injustice, du vécu d'avilissement qui va exploser avec plus ou moins d'excès. Cette intensité du vécu d'injustice s'appelle en langage psy la « sensitivité », c'est-à-dire une très grande susceptibilité avec forte tendance à interpréter le comportement de l'autre. Or si la passivité se conjugue avec cette sensitivité, l'explosion peut être dévastatrice… C'est ce mystère de l'intensité avec laquelle le passif se vit humilié qui fait la différence.

On a donc trouvé une clé de l'intensité de la violence : la blessure narcissique de la passivité revêt une intensité variable chez les uns et chez les autres. Pour certains, l'humiliation est tellement intolérable que la rage explosive devient radicale. Oui, il y a des actes d'une violence insoutenable accomplis par des passifs-explosifs, ils tuent parfois, ils tuent en s'acharnant.

L'un des sommets les plus fascinants en ce domaine, et qui intrigue toujours, s'est déroulé au Mans en 1933. Les sœurs Papin, deux domestiques modèles, parfaitement soumises, apparemment passives, ont fini par exploser dans la violence la plus débridée en assassinant d'atroce manière leur patronne et sa fille. Et pourtant, elles appelaient « maman » la dame qui les employait ! Après le double meurtre, elles expliquèrent aux policiers avoir traité leurs victimes « comme il est indiqué de préparer les lapins dans les livres de cuisine ». La violence explosive surgie chez des caractères extérieurement dociles crée à chaque fois étonnement et incompréhension. Le théâtre et le cinéma, de Jean Genet avec *Les Bonnes* à Claude Chabrol avec *La Cérémonie*, se sont saisis de l'affaire et ont tenté d'emmener le spectateur sur le chemin du psychisme compliqué des sœurs criminelles.

Les victimes de parents trop rigides

Pour comprendre un autre mouvement de la souffrance dans la filiation, écoutons le témoignage de Marc.

Il dit avoir souffert du côté sévère et autoritaire de ses deux parents. Il rend compte d'une histoire familiale marquée par un père et une mère décrits comme terriblement stricts et hypercadrants…

– Je garde un souvenir douloureux de mon enfance, raconte Marc. Pourtant, autant que je m'en souvienne, mes parents n'étaient pas violents, ils n'étaient pas même colériques. Mais ils avaient des règles pour tout. Il fallait faire comme ci, manger comme ça, se tenir de cette manière, travailler à certaines heures… Enfin, tout était cadré et dès qu'on voulait sortir des clous, on était rappelé à l'ordre.

» Je me souviens d'un détail, d'une anecdote. Il y avait une émission à la télévision qui m'intéressait et passait entre 19 et 20 heures, une émission sur les collections de timbres, la grande passion de mon enfance ! Alors, j'ai demandé à mon père de pouvoir regarder cette émission captivante pour moi. Et mon père, qui savait combien j'étais passionné par la philatélie, m'a dit non de façon terriblement tranchée. Je me rappelle avoir insisté… « Non, tu travailleras comme d'habitude, de 18 h 30 à 20 h 30, après on mangera, et tu pourras regarder le film du soir », m'a-t-il répondu. Je lui ai expliqué que je préférais mille fois regarder l'émission sur les timbres plutôt que le film… Eh bien non ! Son attitude m'a paru absurde. J'avais l'impression de lui proposer un troc honnête : j'offrais de travailler après le repas, après l'émission sur les timbres. Non et non, il fallait d'abord travailler et profiter ensuite des programmes de la télé. C'était comme ça. J'étais extrêmement déçu sur le moment. Et soudain je me suis dit : « Mon père est inhumain. » Aujourd'hui, quand j'y repense, je suis heureux d'avoir pensé ce que j'ai pensé, j'aurais voulu lui tenir tête, ou même lui montrer que je lui en voulais de ne pas me comprendre, mais non je n'ai rien dit. De toute façon, je me heurtais à un mur…

» J'ai vécu d'autres scènes du même genre avec mon père… Après cet épisode, plus qu'auparavant encore, j'ai eu l'impression de vivre dans un monde qui m'étouffait sous une chape de plomb. Je subissais. J'étais devenu un peu résigné. Je ne sais pas si je le formulais ainsi à l'époque ou si je l'ai modifié après, mais je me trouvais fait comme un rat. Même aujourd'hui, dans ma réaction d'adulte, l'image qui me vient est celle d'un rat en cage !

» Je me souviens de tout cela avec tristesse, et puis mes parents étaient relativement froids. Du moins, ils n'avaient pas de vraies manifestations de tendresse. Mon père nous critiquait quand nous avions des mauvaises notes, mais il ne nous félicitait pas trop quand on en avait des bonnes.

» Une autre fois, j'avais voulu aller jouer au foot avec des copains venus malencontreusement frapper à la porte de chez nous à une heure où je devais faire mes devoirs. Ma mère, qui relayait le discours de mon père, a refusé, bien sûr… Ce n'était pas le moment… Le travail d'abord… J'ai surpris la mimique moqueuse d'un des gamins, et je ne sais pas trop ce qu'il a pensé. Moi, en tout cas, je l'ai vécu comme s'il m'avait dit : “T'es même pas capable de sortir, tu subis ta mère…” Ce regard, je l'ai interprété comme si le copain me méprisait d'être à ce point dépendant de mes parents, alors que j'avais déjà treize ans. Oui, je me suis senti humilié d'avoir de tels parents.

» Finalement, pour décrire un peu l'ambiance que tout cela a laissé en moi, je dirais que je grandissais dans un monde sans doute logique, mais j'avais des moments de tristesse. Certaines fois, j'étais déprimé… évidemment, je ne l'aurais pas dit en ces termes à l'époque. J'ai eu des idées de suicide, ça passait et puis ça revenait. Il y avait des jours où j'en avais marre de la vie, j'étais usé. J'avais l'impression d'être dans une prison, et je ne voyais pas d'issue.

» Je me souviens d'une fois où j'étais à moins cinq de me couper les veines ! Je me suis dit tout d'un coup : « Peut-être comprendront-ils si je suis mort. » Mais cette pensée de révolte, d'agressivité vis-à-vis de mes parents, s'est finalement dissipée, et j'ai oublié.

» Je pense que cette rigidité de mes parents, que je trouve trop dure même avec le recul, m'a tout de même donné des bons côtés. C'est vrai, je suis devenu quelqu'un de très organisé…

Chez Marc, on découvre une souffrance par implosion. Les vécus très subjectifs dont nous parle cet homme n'ont peut-être pas été perçus par son entourage. On voit aussi qu'une fois au moins, il a été très proche du suicide : instant d'anxiété, instant de tristesse… donc instant d'implosion. Ces moments, qui frisent le drame, sont la traduction d'un monde trop cadré, trop froid, trop réglementé.

Ce cadre de vie rigide est vécu par l'intéressé comme une succession de règles à respecter, règles qu'il ne comprend pas toujours, règles qu'il ne peut pas discuter, règles sans exception. D'ailleurs, ce carcan imposé n'est pas propre à la famille, on peut le retrouver dans les milieux institutionnels et dans les entreprises. Finalement, Marc évolue dans un monde peut-être rationnel, mais un peu totalitaire…

Quand l'autorité s'arc-boute sur la règle qu'elle a édictée, elle craint de ne pas être capable de raisonner sur des propositions nouvelles. Il faut vraiment être sûr de soi pour accepter la contradiction.

Face au blocage, on voit poindre l'image de cet homme, de cet enfant, qui dit se sentir en prison, enfermé dans un monde régi par une organisation très forte, barré par de puissantes limitations. Et dans ce monde, il se dit piégé comme un rat.

Dans la subjectivité de ce qu'il subit, de ce qu'il pense, de ce qu'il ressent, ses rêves et ses désirs se heurtent brutalement à la règle. On entre ici au cœur de l'analyse profonde des ambiances humaines : si l'homme est acculé à vivre dans un monde où il n'est que l'expression du respect de la règle, son ressenti exprime souffrance et anxiété, allant jusqu'à des pensées de suicide.

Le piège de la subjectivité des interprétations

Parfois, je l'ai constaté, les choses sont plus complexes qu'il n'y paraît. Ce que nous dit Marc est évidemment *vrai* pour lui. Mais dans la vie, ses parents étaient-ils *réellement* aussi intransigeants ? Secret de l'âme humaine : est-ce lui qui a vécu ainsi l'ambiance familiale ? Il est exact qu'il a été fortement déçu de ne pouvoir regarder cette émission sur les timbres, même en troquant le film du soir contre un travail scolaire. Mais s'il avait demandé d'autres trocs, dans d'autres circonstances, ses parents auraient-ils encore refusé ? Je ne le sais pas. Je ne peux pas le savoir.

Après un ou deux essais, Marc s'est définitivement senti piégé par le système… Celui qui se vit prisonnier ne se vivrait-il pas parfois trop vite prisonnier ? N'inventerait-il pas sa propre prison ?

Certaines fois, la rigidité des règles est une réalité, le cadre est incontestable, le père ou la mère se montre effectivement méticuleux, impérieux, rigide. D'autres fois, l'enfant voit cette rigidité plus systématisée, plus permanente qu'elle ne l'est. Je veux dire que la subjectivité de celui qui subit peut, en elle-même, représenter un piège. Marc s'est peut-être piégé lui-même en s'imaginant que la réponse de ses parents serait toujours la même.

Mystère de la souffrance psychique : en raison de leur représentation du monde, certains humains ont tendance à se vivre plus prisonniers, plus piégés qu'ils ne le sont dans la réalité.

Résultat : ceux qui se « survictimisent » continuent de souffrir parce qu'ils ne font plus rien pour que les choses s'arrangent. Ils n'insistent pas, ne discutent pas, ils abandonnent. Or, dans un système où l'autre semble excessivement ferme, il ne faut jamais abandonner, il faut sans cesse continuer d'interroger son propre univers. La résignation, certes, est compréhensible face à une forte rigidité, mais elle est dangereuse : ceux qui implosent sont ceux qui renoncent.

Nous sommes tous des auto-théorisateurs, et si l'on théorise la société qui nous entoure – en l'occurrence le milieu familial – comme stricte et rigide de façon fermée, sans issue, on en vient à systématiser la situation. On imagine les règles inchangeables, on s'auto-théorise comme un prisonnier éternel… et l'on est perdu.

Bref, si je renonce à demander, je suis mort. Voilà une des racines de ce qu'on pourrait appeler la souffrance névrotique. C'est quoi un névrosé ? C'est quelqu'un qui, soit par autodévalorisation, soit par passivité, soit par peur de l'autre, va éviter de demander. Je ne demande pas, parce que je ne vaux rien. Je ne demande pas, parce que j'ai peur du refus de l'autre. Je ne demande pas, parce que je crains l'affrontement.

Reprenons une fois encore le discours de Marc face à son émission de philatélie : il peut estimer que le troc proposé à son père est honnête. S'il ne s'appuie pas sur le côté positif de sa proposition pour rebondir en lui-même, il risque de devenir fataliste trop tôt, de renoncer trop vite. Quand ce petit garçon, peut-être émerveillé lui-même par sa créativité, vient demander un échange à son père, il a le sentiment de faire une proposition raisonnable. Humainement, on comprend sa désillusion face au refus paternel. Il est évident que ce refus est douloureux, Marc se prend un coup dans la figure, subit une déception, une blessure narcissique. On peut comprendre que, dans cette situation de souffrance, certains soient échaudés. Mais la déception fait le lit du renoncement, le lit de la fatalité. Or, un personnage adaptatif placé dans la même situation ne renoncerait pas... Un adaptatif insisterait, reviendrait, bousculerait.

L'INSISTANCE VICTORIEUSE DES ADAPTATIFS

L'adaptatif, c'est le personnage que son imaginaire pousse sans cesse à insister : même si on lui dit non quatre-vingt-dix-neuf fois, il va demander une centième fois ! Il le fera peut-être uniquement pour agacer l'autorité, pour souligner combien elle est bornée, mais il le fera.

Continuer à demander

L'enfant adaptatif garde assez de vie en lui pour continuer à demander. Il y faut, évidemment, une dose de créativité et une pincée de ludisme. Quand on analyse de nombreuses enfances, on constate que la résilience, la capacité à encaisser les chocs de la vie, c'est aussi l'énergie vitale. Si l'enfant est angoissé avant de formuler une nouvelle demande, il éprouve tout de même le plaisir de se dire qu'il va au moins titiller l'autre, l'acculer à ses positions extrêmes.

Je le sais, certains ne vont pas hésiter à poser cette question : se faire rembarrer quatre-vingt-dix-neuf fois et demander une centième, n'est-ce pas un peu masochiste ? L'adaptatif ne le vit pas ainsi, il aura une autre lecture de la centième demande. S'il se soumet trop vite, estimera-t-il, l'autre le dominera sans avoir accompli le moindre effort. La centième demande est une forme de revanche et une manifestation du plaisir…Et puis, avec ses interpellations successives, l'adaptatif attaque lentement l'image de l'autre. En acculant le rigide à un sempiternel refus, en pratiquant le contre-harcèlement, l'insistant fait émerger de l'autorité une image négative.

– Vis-à-vis de maman, qui de temps en temps rêve peut-être de dire oui, si je montre que papa dit non systématiquement, je le présente comme un tyran ! m'a déclaré un jeune homme en consultation.

Évidemment, il y a aussi l'espoir. Être vivant, c'est espérer que si l'on frappe dix fois à la porte, elle s'ouvrira enfin… La vie est parfois bêtement statistique. Oui, il y a un espoir à ne pas renoncer. En même temps, on comprend le poids du tourment : comment ne pas souffrir en se heurtant dix fois à une porte fermée ? L'enfant adaptatif, c'est l'enfant qui n'est pas tué par les dix portes closes.

Notre vie à tous, dans l'enfance et à l'âge adulte, est marquée par des échecs. Nous avons souvent des raisons compréhensibles de renoncer, mais les rigidités les plus crispées ont des souplesses inimaginables. De temps en temps, les systèmes les mieux construits se craquellent…

Avoir foi en soi et foi en la vie

En essayant de comprendre les trébuchements de l'enfant implosif, en tentant de saisir, *a contrario*, pourquoi l'enfant adaptatif ne se prend pas les pieds dans les affects, on découvre les valeurs et les qualités de ceux qui restent vivants malgré tout.

L'adaptatif trouve les clés pour garder la vie en lui, conserver l'espoir, maintenir la relance face à un système qui inclinerait pourtant une partie de lui-même à se déprimer.

Quand les jeux sont faits, il faut se montrer relanceur perpétuel : je continue de demander, je continue de harceler, je continue d'avoir la foi. L'approfondissement de la foi en soi est une des voies de dégagement par rapport au système rigide, dans la famille ou dans la société.

Il faut aussi ouvrir les fenêtres : quand un système est clos, la belle lucidité commande de regarder ailleurs.

– C'est curieux, je me sens mieux dans la famille de mon meilleur copain que chez mes parents, m'a dit un enfant que je suivais en thérapie.

Tout à coup, ce garçon découvrait une autre ambiance familiale, et ce plaisir d'approcher un père qui fonctionnait différemment du sien lui a donné la force de vivre. C'était pour lui une sorte de fuite vers un ailleurs possible…

Et puis, autres figures, plus intraverties, certains êtres humains ne fuient pas, ne harcèlent pas, ne s'allient pas, mais ne renoncent pas dans leur for intérieur. Malgré l'obstination de l'autorité, ils gardent foi en eux, en leurs idées, en leurs projets. On a certes tous besoin que notre petite créativité soit de temps en temps valorisée par les autres, mais certains sujets approfondissent mieux encore leur foi en eux-mêmes dans l'adversité : « Ce monde d'imbéciles m'oppose un refus, mais finalement n'est-ce pas moi qui ai raison ? », interrogent-ils dans le secret de leur âme. On trouve là une autre voie, plus personnelle, plus intrapsychique : malgré l'adversité, le sujet demeure convaincu de la réalité de lui-même.

PARENTS : COMMENT FAIRE RESPECTER LES RÈGLES ?

Fondamentalement, l'être humain n'est pas fait pour les règles. Mais dans tout système familial, comme dans le couple ou la vie professionnelle, il faut un peu de ces règles pour cadrer, pour éduquer, pour bien vivre ensemble.

Faut-il assouplir les règles ? Faut-il des règles pédagogiques ? On se trouve là au cœur des relations humaines : chacun définit son rapport à la règle. Règle positive, règle excessive, règle étouffante. La règle aide le monde humain à s'organiser et parallèlement frustre le même monde. Tout est dans la systématisation, tout est dans l'intensité. La règle peut être intelligemment appliquée, elle peut aussi être stupidement respectée, pour le seul plaisir de la règle, même si cette voie conduit à l'absurde.

Des enfants devenus adultes disent :

– Mon père était sévère mais juste.

Ce langage est celui de quelqu'un qui n'a pas trop souffert de l'autorité. Mais que signifie cette phrase souvent entendue ? Elle nous dit que le père argumentait ses refus, expliquait son emprise, commentait ses décisions. Il se trouvait donc à l'intérieur d'un système pédagogique cohérent.

Pour que les enfants respectent la loi, il faut que l'autorité nomme la loi, définisse la loi, argumente la loi.

Et il y a l'amour… engrais indispensable sans lequel tout s'étiole. Celui qui incarne la loi doit avoir le souci de se faire aimer. Si l'enfant n'aime pas son père, il va souffrir. Pour l'autorité parentale, tout le défi consiste à faire passer l'assurance et la sécurité de l'amour, même dans le refus, même dans l'opposition.

– Je te dis non, mais je t'aime, mon fils…

Quand les enfants me racontent que leur père est froid, ils se plaignent non pas du refus, non pas de l'autorité, non pas de la rigidité, mais du manque d'amour, ou du moins d'un déficit dans l'expression de l'amour. La loi doit être imposée, explicitée, argumentée par quelqu'un capable d'extérioriser en même temps l'amour et la tendresse. C'est incontestablement un des secrets de la détente dans les rapports entre parents et enfants.

– Oui bien sûr il y a des règles, peut dire le père, mais c'est pour ton bien. Et puis, je t'aime indépendamment de cela, indépendamment de ton respect des règles ou de ton opposition aux règles…

Là se situe toute la complexité du bien-être dans la famille.

En définitive, pour organiser le monde humain, il faudrait définir les qualités que doivent posséder ceux qui prétendent l'animer. Malheureusement, en tant que parents, nous n'avons pas toujours d'emblée les qualités requises : savoir clairement comment agir, se montrer suffisamment pédagogues, expliquer les règles, savoir se faire aimer… Être parents est un C.D.I. dont on découvre les subtilités et les obligations de façon continue, et sur le terrain ! Combien de parents avouent avoir raté l'éducation du premier enfant, mais pensent mieux réussir avec les suivants… Eh oui, être parent, représenter une autorité, ce n'est ni facile ni spontané. Il faut apprendre.

Reste bien sûr à ne pas ériger ses propres exigences en règles. Ne pas confondre ses désirs propres et les principes éducatifs. Admettre que son fils ou sa fille ne suive pas le même chemin que soi, veuille être saltimbanque, accepter qu'il ne nous ressemble pas, qu'il soit un être humain à part entière, libre de se construire selon ses aspirations.

Reste aussi, pour l'enfant, à accepter que ses parents soient, eux aussi, faillibles, imparfaits, humains. Mais c'est une chose que l'on comprend plus tard…

– V –

SOUFFRIR AU TRAVAIL

Univers programmé ou liberté d'action

Connaissez-vous le compromis de Gandhi ? Si nous vivons tous des situations hiérarchiques plus ou moins compliquées, nous élaborons parfois un idéal fou : l'égalité parfaite et l'aplanissement des autorités. Dans cette perspective, le compromis de Gandhi constitue une expression du rapport à deux : quand deux personnes avancent deux points de vue différents, il s'agit de trouver une voie tierce. L'apôtre de la non-violence prônait une solution qui intégrerait l'esprit des deux propositions apparemment incompatibles. C'est donc la recherche créatrice d'une solution qui tiendrait compte de ce qui est positif dans les deux propositions et, au final, séduirait les deux protagonistes.

Ce compromis de Gandhi m'a beaucoup intéressé, car il exprime le désir de trouver une synthèse des positions contradictoires et invente une manière exemplaire de dépasser les conflits.

Face à deux positions apparemment divergentes, il faudrait donc rechercher de chaque côté les éléments productifs – un travail intellectuel difficile, mais une œuvre de générosité aussi, parce qu'il faut manifester une vraie porosité à la pensée de l'autre.

Le compromis de Gandhi essaye de transcender les positions tranchées, tente d'établir une solution capable de convenir à chacun. Ce compromis est sans doute peu aisé à mettre en place, il nécessite un travail psychique, réclame de la créativité, mais quand on y arrive, chacun se demande pourquoi on n'avait pas trouvé la solution avant !

Seulement voilà, on ne peut pas toujours faire entrer le compromis de Gandhi dans la vie de l'entreprise. C'est la raison pour laquelle le travail fait parfois souffrir, entraînant violences ou dépressions, et plus à l'extrême encore, meurtres ou suicides.

Cette réflexion était menée jusque-là dans le cadre discret des cabinets psys et des cellules syndicales. Elle a surgi brusquement sur la place publique en 2009, quand vingt-six employés de France Télécom ont mis fin à leurs jours, ou ont tenté de le faire. Ces drames n'ont pas manqué de susciter un vif débat sur les conditions de travail au sein de l'entreprise de l'opérateur historique, et dans les grands groupes en général.

Comment ne pas penser aussi à la colère des employés délaissés en un week-end par un patron indélicat qui a mis discrètement sous le paillasson les clés de son entreprise et a fui vers un quelconque pays de l'Est avec les machines ? Par réaction, les salariés mis au chômage forcé se sont mis à casser ce qu'il restait de l'établissement. On doit évoquer encore ces employés licenciés qui ont saccagé quelques bureaux d'une sous-préfecture, alors même que l'État semblait constituer pour eux un dernier soutien.

Dans ces cas-là, si certains sujets victimes de harcèlement ont implosé, d'autres, s'estimant trahis par la structure hiérarchique, ont fini par exploser. Ici comme ailleurs, quand s'exprime la souffrance humaine, on trouve divers comportements réactifs…

La violence, en effet, se retrouve sous plusieurs formes au sein de l'entreprise. Tout en restant dans notre champ, tout en nous cantonnant à la compréhension psychologique de l'âme humaine, nous devons placer ici en contrepoint un élément qui peut sembler hors sujet au premier abord : la réalité objective du contexte. On peut effectivement rencontrer des patrons voyous, on peut trouver des organisations professionnelles discutables, on peut estimer que l'État ne remplit pas toujours son rôle… Et donc surgit obligatoirement la question définitive : existe-t-il, parfois, une légitimité de la violence au sein de l'entreprise ? Pour le dire en termes de sociologue plus que de psy : est-il légitime de tout casser quand on se sait exploité, abusé, pressé comme un citron ou jeté comme un Kleenex ?

Il est à noter tout de même que l'on se trouve psychologiquement et sociologiquement dans deux cas de figure très différents selon que l'on est face à une violence de groupe ou face à une violence individuelle.

À la vérité, et c'est une évidence, tout épisode de violence dans l'entreprise revêt une connotation sociale. D'ailleurs, quand la Justice s'empare d'une telle affaire, l'enquête tourne autour de ces interrogations récurrentes : une réelle violence a-t-elle été exercée sur le salarié ? Comment le pouvoir était-il exercé dans l'entreprise ? On ne peut jamais faire l'économie de ces vérités économiques et sociales. Mais ce n'est pas le propos principal de ce livre : nous devons ici nous intéresser davantage à la manière dont l'employé vit sa souffrance, nous devons nous efforcer de comprendre ce qui en constitue l'intensité subjective, et qui peut amener un individu à perdre le contrôle de lui-même.

L'EXPLOSION : TUER L'IMAGE DU MAL POUR NE PLUS SUBIR

Zoomons sur deux vignettes cliniques, deux exemples individuels, qui sont heureusement rares…

Roger travaille depuis vingt-cinq ans dans une petite entreprise, il est même le plus ancien employé de cette structure qui emploie une dizaine de personnes. Dans un contexte de difficultés financières, le patron se voit obligé de réaliser des économies, et il choisit justement de licencier Roger. D'un point de vue purement comptable, l'employé licencié est celui qui, par son ancienneté, touche l'un des salaires les plus élevés de la boîte. Roger est donc limogé de façon rationnelle puisqu'il est à la fois celui qui coûte le plus cher à l'entreprise et celui qui se trouve le plus proche de la retraite. Mais Roger n'accepte pas cette logique patronale. Dans sa subjectivité, il est celui qui s'est le plus échiné, sacrifié, usé au bénéfice unique de l'employeur…

– C'est moi qui étais là depuis le plus longtemps, c'était moi le plus méritant, j'étais celui qui incarnait un peu l'entreprise, m'a confié le salarié évincé quand je l'ai reçu en consultation.

Dans la souffrance de cet homme, l'antériorité dans l'entreprise prend une importance démesurée. Qui est Roger à ses propres yeux ? Il est essentiellement cet homme qui travaille dans ce petit établissement… Être le salarié de cette entreprise représente pour lui bien plus qu'un simple moyen de gagner sa vie, bien plus qu'une profession, c'est une véritable identité sociale.

Si l'on tentait de se glisser dans sa peau, on constaterait que, pour lui, le vécu de la perte est multiple. Roger éprouve d'abord douloureusement le fait de se trouver sans travail. Oui, mais à un niveau plus intime, il estime avoir perdu un travail qu'il aimait, un travail qui constituait son être même. Enfin, il a surtout perdu un travail dont il porte en lui la conviction d'avoir été l'un des piliers les plus solides. Par la durée de sa présence au sein de la boîte, Roger est intimement persuadé d'être aussi légitime, aussi indispensable peut-être, que l'homme qui en possède les parts, autant de sentiments sans doute fondés sur le plan humain. Dans l'esprit de Roger, cette entreprise fonctionnait en grande partie grâce à lui, il estime donc son sort profondément injuste. Bref, la décision du patron lui reste totalement incompréhensible. Le sentiment d'injustice reste un élément fondamental dans le vécu et l'installation de la souffrance.

Désigner un coupable afin d'atténuer sa souffrance

Approfondissons un peu ces éléments pour trouver les vecteurs qui sous-tendent le passage à l'acte… Tout commence donc par la perception d'une injustice, élément qui peut paraître impersonnel, mais Roger poursuit son raisonnement… « Le patron a pris une décision illégitime… Il m'en veut… Il m'a trahi… Il ne me respecte pas… Il n'a pas respecté mon travail… Il veut me mortifier… »

Une dimension d'interprétation apparaît, la situation vécue comme injuste se mue en un sentiment de persécution. Alors que Roger a la conviction d'avoir apporté la plus belle pierre à l'édifice, l'employeur lui fait savoir que son poids professionnel est tout à fait relatif. « C'est que je ne suis pas important… C'est que l'entreprise n'est pas reconnaissante de ce que j'ai fait », rumine le malheureux.

La souffrance de Roger est faite d'une part d'incompréhension, c'est vrai, mais aussi d'un sentiment d'humiliation ; mieux : il prête au patron la volonté de l'humilier ! On se situe vraiment au cœur du psychisme humain, dans le retentissement de l'esprit tourmenté, dans l'écho d'un être. On perçoit la manière dont l'homme, qui n'est pas un robot, vit une situation que d'autres analyseraient à l'aune glacée de l'économie.

On trouve ici des ingrédients déjà découverts dans les contextes familial et amoureux : le sujet se déprime avec une dimension de désespoir, qui peut entraîner des idées de suicide, mais avec aussi l'émergence d'un terrible sentiment de rancœur.

En fait, il existe chez l'être humain une grande difficulté à se penser lui-même. Pourtant, philosopher sur sa propre vie serait un moyen efficace de s'adapter, de se sortir de l'amertume. Mais comment accepter d'être une victime du monde, une victime de la crise ? Ce serait faire de sa personne le minuscule point anonyme d'un grand tout. En revanche, se croire l'objet de la hargne d'un individu bien déterminé, d'une personne parfaitement désignée, transfigure son propre drame en tragédie personnelle… « C'est celui-là qui m'épingle, c'est celui-là qui me harcèle, c'est celui-là qui me destine à un sort funeste », pense Roger.

La complexité de la situation de licenciement va alors immanquablement se concentrer sur celui qui provoque tout le mal ressenti, qui est responsable de ces affects qui font mal et qui dévalorisent. Tout se passe comme si le psychisme choisissait de désigner un coupable, de rendre responsable un personnage en particulier : le vecteur du licenciement. Dès lors, le sujet souffrant ne peut plus réfléchir, il a plongé dans sa subjectivité, il a trouvé la source de ses malheurs, de sa dépression, de l'inquiétude de sa femme et de ses enfants. Ces sentiments humains bouillonnent et s'amplifient, mais qui en est à l'origine ? « C'est cet homme-là, le patron ! Cet homme qui vient de me rejeter ! », répond Roger en lui-même.

Dans le vécu de sa dépression roulent par vagues des idées de suicide… Le sujet se pense déjà mort, du moins professionnellement et socialement, alors le responsable ne doit pas s'en tirer aussi facilement. Qu'il souffre à son tour et qu'il paye !

Au cœur même du vécu du licenciement sourd la rage profonde d'être acculé seul au désespoir. Dans une affectivité profonde émerge un contraste aveuglant entre un soi-même désespéré et une animosité dirigée contre le responsable de cette situation, responsable au moins dans la subjectivité du déprimé. Alors surgit cette phrase redoutable entendue bien souvent dans ce genre de circonstance : « Je n'ai plus rien à perdre. » L'idée de tuer le patron s'installe dans l'esprit de Roger, elle devient légitime pour lui.

Et c'est ainsi que Roger prend une arme, va attendre son ancien patron devant chez lui, et l'abat de sang-froid, sans lui demander la plus petite explication, sans manifester le moindre énervement.

La souffrance, la colère, l'insupportable sentiment d'injustice… Tous ces ingrédients, si présents à la conscience au moment du passage à l'acte, sont généralement mal restitués par l'agresseur au psy qui vient l'interroger dans sa cellule. La tension retombée, le sujet violent reste un peu perplexe et hébété après le crime. Ce silence n'empêche pas une tentative d'éclairage…

Tout se passe comme si, durant plusieurs jours, l'idée homicide s'était installée dans l'esprit de ceux qui souffrent. Les plus entiers d'entre eux parviennent tout de même à s'expliquer.

– Je souffrais tellement qu'il n'y avait pas de raison que je ne le fasse pas souffrir.

Le sujet veut faire subir comme il subit. Il veut que l'autre éprouve une souffrance, que l'autre soit réduit à rien, comme lui-même se sent avoir été réduit à rien. Il y a ceux donc l'acte impulsif est immédiat, comme Roger : la mort véritable contre la mort psychique imposée, œil pour œil, dent pour dent, en quelque sorte. En revanche, des personnalités plus sophistiquées éprouvent le besoin de tourmenter davantage celui qui incarne le mal à leurs yeux, ils savourent une attaque à petit feu. Dans la violence criminelle perce aussi parfois la jouissance de tenir l'autre en son pouvoir… La victime désignée voit, elle sait qu'il va tirer ! Certains assassins – oserai-je le dire ? – font un peu durer le plaisir…

*
**

Le deuxième exemple est issu de la même dynamique, mais raconte le drame du patron d'une P.M.E. Les affaires de Maurice s'enfoncent dans le rouge, il est lourdement endetté et se trouve sous la menace d'un huissier chargé de récupérer la somme due… Maurice se met à ressentir subjectivement l'action de l'huissier comme harcelante. Plutôt que d'en vouloir au contexte qui l'a amené à contracter des dettes, plutôt que d'en vouloir au tribunal administratif qui a jugé qu'il devait rembourser, tout se focalise sur l'homme chargé d'effectuer la saisie pour recouvrer la somme en question.

Dans la subjectivité de Maurice, l'huissier est perçu comme un personnage intraitable, agressif, impérieux, sans cœur, sans âme, une ordure qui accomplit une sale besogne, qui essaye de lui prendre le peu qu'il possède encore.

« Salopard », « pilleur », « vautour », voilà les mots qui sont venus à Maurice lorsque je l'ai rencontré dans sa prison. Les termes sont intenses, le sens violent.

Dès lors, on ne se trouve plus dans la logique légitime d'une société qui organise le remboursement de dettes, mais dans la subjectivité de celui qui subit. Par les mots prononcés, presque vomis, on mesure la souffrance et la rage dans lesquelles Maurice a vécu la situation. Oubliant son histoire, oubliant ses dettes, il a vu dans cet huissier – et seulement dans cet huissier – le responsable de tous ses problèmes.

Comment s'est cristallisée, dans l'esprit de Maurice, l'impression que ce bras de la Justice agissait de façon inhumaine et destructive ? Il est vrai, sans doute, que certains officiers mandatés peuvent faire preuve de bien peu de compassion et d'humanité dans la manière de récupérer une dette et de saisir des biens. Il existe peut-être une réalité objective dans la réaction de Maurice, comment le savoir ? Pourtant, c'est la part subjective qui nous retient ici.

Par l'intensité des mots que Maurice a utilisés, on constate que le mal persécuteur se personnalise entièrement en une seule représentation, celle de l'huissier… « Si quelqu'un veut me détruire, m'acculer à la mort sociale, m'enlever mes pauvres meubles, que dois-je faire ? », pourrait demander celui qui se vit comme une victime.

Maurice est allé attendre l'huissier à son étude. Quand l'homme est apparu, il a tiré sans sommation.

Pourquoi ces cas d'explosion nous fascinent-ils ? Parce que nombreux sont ceux qui rêvent ou ont rêvé d'occire un patron ou un huissier antipathique, froid, peu compréhensif. Mais ils n'ont heureusement pas la « personnalité » nécessaire pour faire entrer leur fantasme assassin dans la réalité. Le mystère du crime réside toujours dans le fait que certains entrent dans l'agir alors que d'autres en restent au niveau de l'imaginaire… Il y a là un ingrédient caché, propre à certaines personnalités. Les vécus du caractère explosif se caractérisent chez elles par une intensité nettement plus importante que chez le commun des mortels.

Je dirais aussi que l'ingrédient principal qui a mené Roger et Maurice au crime a été la personnalisation de leur souffrance… Personnaliser la souffrance semble l'atténuer parce que le sujet entre dans la passion. En vouloir à quelqu'un diminue le tourment : l'animosité dirigée contre autrui permet de masquer l'intensité de la détresse.

La réalité de l'autre est de peu de poids dans le vécu de l'explosif. Dans certains cas, il existe une certaine forme de vérité dans les assertions de celui qui se dit victime. Cet élément de focalisation sur autrui d'une destructivité dirigée d'abord sur soi est toujours délicat à apprécier, car il peut y avoir une part de vérité, une part de dramatisation, une part d'exagération.

Il existe aussi le pur délire… J'ai connu des patients qui imaginaient, dans un processus totalement erroné, que le voisin, le patron ou le collègue les poursuivait de leur haine active. Quant la vie se délite et se détruit, il est parfois rassurant de penser que d'autres complotent, on est dans ce qu'on appelle la tonalité persécutive. Certaines personnes, qui ont pourtant commis des choses objectivement critiquables, crient parfois au complot ! Hurler à la machination est une manière d'adoucir sa propre souffrance, une façon de noyer le poisson, de clamer à la fois la méchanceté du monde et sa propre innocence.

Cela dit, il faut souligner que les cas de malveillance purement imaginaire constituent l'exception, le plus souvent l'hostilité perçue est bien réelle, mais surinterprétée. Quelqu'un peut se désintéresser d'un individu alors que celui-ci pense que l'autre s'applique à le martyriser, que l'autre se montre déterminé à le faire souffrir : cette métamorphose imaginaire de l'indifférence de l'autre est fréquente dans la psychopathologie quotidienne.

La violence comme forme d'expression collective

L'employé qui supprime son patron, le patron qui revolvérise l'huissier : drames des difficultés financières. Mais en temps de crise, on assiste à d'autres violences, moins définitives mais tout aussi explosives... Ce sont, on l'a vu, les employés désespérés qui saccagent l'entreprise.

Comportements violents, comportements sociaux : ces débordements de groupe sont complexes à analyser. Pratiques certainement intolérables, puisque ces salariés désespérés ont été condamnés par la Justice. Mais laissons de côté le débat sur la légitimité ou l'illégalité de ces réactions, penchons-nous sur l'aspect psychologique de l'événement. Ne jugeons pas, situons-nous sur le seul terrain de la compréhension de l'âme humaine.

La violence peut être organisée comme une forme du collectif. Ces employés, de façon concertée, en groupe, s'en sont pris à l'État au travers d'une sous-préfecture, parce que, selon eux, l'entité nourricière et protectrice ne remplissait pas assez efficacement son rôle ou peut-être même se lavait les mains de la situation.

Vrai ou faux ? Subjectif ou objectif ? En tout cas, il est apparu aux yeux des salariés que les pouvoirs publics, censés trouver une solution au chômage collectif, ne proposaient aucune issue. On pourrait y voir un paradoxe entre une logique purement rationnelle et une logique émotionnelle.

Dans la logique rationnelle, même si l'État ne fait rien ou se trouve momentanément démuni, il ne reste que lui pour éventuellement dénouer les nœuds d'une conjoncture difficile. Il faudrait donc, raisonnablement, préserver ses relations avec lui.

Dans une logique émotionnelle, en revanche, les salariés enragent contre la non-action gouvernementale ou contre son action trop faible. Emportés par la passion, par l'émotion, ils n'auront rien de plus pressé que de manifester leur violence contre l'État ressenti comme coupable. Dans l'attaque d'une sous-préfecture, nous nous trouvons face à un acte organisé, choisi, délibéré, qui rationnellement apparaît pourtant comme une folie.

De la même manière, il semble absurde que des ouvriers puissent détruire leur outil de travail. Certes, emportés par la colère, ils peuvent effectivement avoir envie de tout faire exploser. Cette irritation se révèle pour partie légitime, pour partie subjective, mais on peut penser objectivement que détruire une usine est un acte dément, qui supprime les dernières chances de rouvrir l'entreprise. À quoi ça sert ? pourrait-on se demander. Si je détruis, je fais le vide de ce qui a été mon image, ma vie sociale, une partie de mon identité, ce à quoi je tenais et que l'on me retire. La non-maîtrise d'une situation professionnelle peut effectivement paraître intolérable et expliquer la violence de ces débordements.

Certains vont défendre cette attitude extrême en soulignant qu'il s'agit d'une défense légitime, une façon d'interpeller les médias, une manière de faire bouger l'État, donc un comportement rationnel. Mais quand on écoute parler les protagonistes, on découvre un autre élément, aux soubassements émotionnels.

– On nous traite comme des moins que rien… On se fout de nous… Tout le monde se désintéresse de notre sort… L'État est complice…

On voit que, pour protester, il faut avoir, là encore, la conscience plus ou moins pertinente de se trouver en situation d'injustice. Bien sûr, nous nous situons ici aux limites de ce que nous voulons étudier et analyser, car nous nous intéressons exclusivement à la dimension psychologique. Nous découvrons cependant un amalgame entre une problématique sociale et un vécu émotionnel.

Si l'on tente à présent d'obtenir une vue trans-situationnelle de la souffrance humaine, nous percevons chez l'être souffrant le vécu d'exclusion, d'abandon, de rejet que l'on peut constater ailleurs, dans la famille ou dans le couple, par exemple. En effet, nous retrouvons partout ces vécus de détresse, ce sentiment terrible de se savoir réduit à rien, dévalorisé, impuissant comme un enfant abandonné par ses parents, et qui ne pourrait pas survivre.

Violence individuelle ou violence groupale, nous avons repéré un vécu d'injustice, un vécu d'abandon, un vécu de perte d'identité, un vécu de perte du repérage social, un vécu également de la réalité socio-économique. Nous nous trouvons donc là face à des pertes multiples. Or, chacun va ressentir ces pertes avec une intensité différente.

Dans les premiers affects, le sujet se trouve simplement dans les vécus. Il se sent humilié, dénigré, méprisé, moqué, sadisé, il ne va pas bien, souffre, s'autodévalorise. Il prête alors à autrui, individus ou institutions, des sentiments vis-à-vis de lui, il n'est pas que dans le désespoir, il est victime du harcèlement d'un autre.

Celui qui va mal au point de céder à des comportements violents a auparavant fixé sa détresse sur un personnage, voire une institution.

Puisqu'il est une victime, puisqu'il est maltraité, il en vient à être habité par des sentiments hostiles, élabore une manière passionnelle de vivre sa souffrance, il la personnalise avec une dimension qui peut être purement subjective, parfois même totalement imaginaire, on l'a vu.

Nous trouvons là une clé de la violence radicale, en clinique nous dirions qu'il y a danger de passage à l'acte : l'explosion est possible.

L'IMPLOSION : DES CONTRAINTES DE LA HIÉRARCHIE AU HARCÈLEMENT DESTRUCTEUR

Passons maintenant à la phase d'implosion, plus banale, celle où le sujet n'est pas traversé par l'agressivité. Reprenons une situation de souffrance au travail où l'employé est un peu harcelé, un peu pressuré pourrait-on dire pour atténuer ce mot de harcèlement, qui revêt parfois une connotation trop forte.

Je pense qu'il y a dans toute structure hiérarchique un risque de voir le détenteur de l'autorité abuser de sa fonction. Si je suis placé dans un système hiérarchique, les choses sont simples : je reçois des ordres et j'exécute. L'armée en est l'exemple le plus parlant, mais on retrouve cette organisation verticale ailleurs. À l'occasion de tensions entre hommes politiques, le président de la République ne s'est-il pas clairement exprimé ?

– Je décide, il exécute, a-t-il dit.

Rompez, il n'y a rien à voir.

Mais au-delà même de l'armée ou des arcanes du pouvoir, la pression de la hiérarchie a la vie dure dans la structure humaine. Et c'est normal car, *in fine,* dans les systèmes sociaux, dans les entreprises, dans les organismes hiérarchiques, des décisions doivent être prises. Et l'on ne peut pas toujours voter démocratiquement pour chaque option à prendre. Après la logique de l'écoute consultative, il faut qu'émerge le décisionnaire, sinon on se retrouve dans une construction anarchique où personne ne décide rien, où les uns et les autres s'inhibent.

Pour schématiser, disons que la souffrance possible dans l'entreprise renvoie donc d'abord à une image de structure hiérarchique, ensuite à une image de harcèlement. Et il me semble que, avant le cas maintenant répertorié du harcèlement, la manière d'incarner la décision reste primordiale dans l'apparition de la souffrance au travail. On peut ainsi définir trois formes de dirigeants…

D'abord, le chef faible, laxiste, qui refuse de trancher quand il y a tension. On pourrait croire que, dans ce cas, le subalterne est moins sujet à la souffrance. Erreur, il va souffrir de la structure.

Ensuite, le chef excessivement tatillon et pénible, celui que l'on qualifierait de harceleur.

Enfin, l'autorité juste.

On retrouve d'ailleurs exactement ces éléments dans les relations parents-enfants. Un père ou une mère peut être faible, l'enfant crie et le parent s'exécute : « Prends le bonbon et va-t-en ! » Au contraire, le parent autoritaire va s'écrier : « Je t'ai dit que tu n'aurais pas de bonbon. Tais-toi ! »

Et puis, on rencontre aussi des parents pédagogues. Ils essayent de dire parfois oui, parfois non, mais cherchent toujours à argumenter les raisons de leur refus. Pourtant, attention, la position choisie par l'autorité ne fait pas tout : plus l'enfant est rebelle, plus la position du parent pédagogue est difficile à tenir… Il est si facile de se montrer ouvert et conciliant avec des enfants doux et gentils !

L'entreprise procède du même phénomène : certains employés sont plus aisés à encadrer que d'autres. Quand on tente d'analyser le système hiérarchique par rapport à l'âme humaine, on met en évidence un défi pour les deux protagonistes : d'une part, celui qui est en position de décision et en capacité d'abuser de son autorité ; d'autre part, celui qui est en état de passivité et va plus ou moins se soumettre.

L'alternative du dirigeant est soit de faiblir, soit d'abuser. Toute la difficulté consiste à mesurer sa propre aptitude à animer l'autre, tout en essayant de l'écouter. C'est un vrai défi que d'être celui qui tranche et décide.

Bien sûr, celui qui est en potentialité de subir véhicule, de son côté, des images diverses et divergentes…

D'abord, le subordonné facile tente sa chance, se fait vecteur de propositions, mais laisse finalement le supérieur agir et se soumet.

Ensuite, le subordonné passif se soumet trop aisément, on pourrait dire de lui qu'il favorise le fonctionnement des abuseurs. La médiocrité de l'âme humaine, en effet, pousse certains à tourmenter des victimes « toutes trouvées ».

Enfin, le subordonné excessivement rebelle, lui, ennuie tout le monde.

La hiérarchie : une potentialité de souffrance

Quelle que soit notre attitude face à l'autorité, il est certain que l'on trouve dans ce système une dissymétrie, une inégalité entraînant une grande difficulté à mettre en place des solutions de compromis. Cette base étant posée, quels sont les ingrédients susceptibles de créer de la souffrance ? Indiscutablement, c'est la rigidité autoritaire, dictatoriale, que l'on place ici en ligne de mire. Peut-on y mettre fin ? On connaît le mal qu'ont les institutions à créer de l'ordre juste et à déjuger leurs cadres… Quand bien même certains membres de la hiérarchie percevraient la souffrance engendrée, le système global éprouverait une grande difficulté à limiter le fonctionnement délétère d'un dirigeant. Les institutions échouent globalement à maîtriser une situation complexe et douloureuse, et quand un salarié se suicide, on fait mine de découvrir une situation que l'on n'a pas pu et pas su gérer…

Quand les systèmes hiérarchiques se désintéressent de la souffrance

Il me semble que les systèmes humains se sont montrés longtemps insuffisamment vigilants sur la souffrance dans le travail. Pourquoi ? Parce que l'autoritarisme peut être insidieux, il n'y a que la victime pour en avoir pleine conscience, et souvent elle se tait. Chacun souffre de façon isolée avant que la situation ne soit finalement décelée, et cela prend du temps, beaucoup de temps. Il faut alors que la structure puisse mettre au repos le supérieur excessivement autoritaire. Paradoxalement, c'est dans l'armée que l'on parvient le plus facilement à rectifier ces drames du commandement.

– Sergent, vous avez déconné, vous arrêtez ça tout de suite, sinon au trou ! peut clamer le supérieur dans son magnifique langage militaire.

Curieusement, les systèmes extrêmement hiérarchisés sont ceux qui encadrent le mieux une situation de cet ordre, tout au moins quand les autorités supérieures sont saines.

Dans la vie civile, rien n'est aussi simple. Pourtant, quand l'autorité trouve le courage de faire cesser les manigances d'un supérieur en lui demandant, les yeux dans les yeux, de changer d'attitude, on s'aperçoit que tout s'arrête. Le bourreau désigné renonce à tourmenter son monde.

Dans un service hospitalier que je dirigeais, un harceleur était à l'œuvre. Je suis allé le voir pour lui signifier que nous étions au courant de ses pratiques et qu'il devait cesser son manège. Il a nié, bien sûr, mais je l'ai menacé de représailles s'il s'obstinait dans son attitude. Il a aussitôt abandonné ses pratiques intolérables.

Une des bonnes nouvelles du harcèlement, c'est que lorsque ces pratiques sont mises au jour, elles s'arrêtent. Elles ne dérivent vers des situations tragiques que dans le silence.

Pourquoi les personnalités rigides font-elles souffrir les autres ? Parce qu'elles rêvent d'un monde idéalisé où chacun leur obéirait au doigt et à l'œil. Elles croient en un système d'ordre et d'action, sans discussion, sans pourparlers. Et c'est ainsi que s'installe insidieusement le harcèlement, un jeu à deux : le harceleur et le harcelé. Les autres ne voient rien, ne savent rien, ne détectent rien. Toute la stratégie du chef tatillon sera, consciemment ou non, de s'en prendre à tous peut-être, mais chacun à son tour, l'un après l'autre. S'il attaquait le groupe de front, l'ensemble trouverait des antidotes.

La nuisance des petits chefs

On pense généralement que les persécuteurs sont des pervers ou des sadiques. Ma thèse, un peu provocatrice, serait de dire que beaucoup de gens lâchés en position d'autorité sont harcelants avec bêtise. D'ailleurs, dans la psychologie de masse, le concept de « petit chef » répond à cette vérité. Le petit chef, c'est celui qui ennuie son subalterne pour rien, pour des broutilles, des détails. Être un petit chef, ce n'est pas un niveau dans la hiérarchie, c'est une manière d'être, une attitude mesquine, sans envergure, sans panache, sans souffle et sans âme, une façon de refuser le débat, de ne pas tolérer la discussion.

Comme il y a des petits chefs, il y a des petits ordres. Or, la plupart des êtres humains souffrent d'être considérés comme des robots qu'on agacerait pour des vétilles… Alors, on assiste au goutte-à-goutte d'un quotidien constitué d'un petit chef rigide et de petits ordres qui n'ont pas toujours un sens, qui répondent seulement au côté rigide de celui qui commande.

On a atteint ici le premier stade du harcèlement, celui où les ordres tombent sans être argumentés, simplement pour satisfaire aux besoins obsessionnels du persécuteur.

Et l'on glisse insensiblement vers le deuxième stade, celui de l'abus : celui qui se trouve en position de commandement a peut-être perçu un subalterne un peu plus malléable que les autres, plus apte à se laisser faire…

– Écoutez, je suis désolé, mais vous ne pourrez pas partir à l'heure habituelle, dit un soir son supérieur à

Josiane. J'ai besoin que ce travail soit fait dès demain matin, c'est fondamental. Et pensez à votre avancement !

Il essaye ainsi d'appâter l'employée, il joue sur une sorte de chantage en cherchant à manipuler le désir de l'autre. Petit à petit, la scène se répétant, Josiane s'habitue à rester souvent après les heures normales pour faire des travaux supplémentaires. Elle cède chaque fois que l'autre abuse de sa pression.

– C'est comme ça, répète le chef dès qu'il sent une résistance.

Finalement, le travail exigé est tellement lourd que la jeune femme passe toute une nuit au bureau, de sa propre décision !

Je reçois Josiane en thérapie. Elle me raconte qu'elle a peur d'être traitée comme une incapable si elle ne termine pas le travail, puisque l'autre lui a dit :

– En deux heures, vous aurez bouclé tout ça…

C'est manifestement faux, et celui qui abuse le sait.

Pis encore, quand le grand patron est content du travail, l'abuseur se vante de l'avoir fait lui-même. En revanche, quand ce patron se montre insatisfait, l'abuseur se défausse sur Josiane, qui a veillé pour terminer la tâche. Ce petit trait de lâcheté démontre le côté pervers des abuseurs.

On trouve chez de nombreux êtres humains une potentialité à se soumettre à des situations d'autorité. Ils peuvent être passifs, c'est le premier degré. Ils deviennent abusés, c'est le deuxième degré. Ils finissent sadisés, c'est le troisième degré.

Vu de l'extérieur, on est ici en droit de se demander comment Josiane peut supporter un tel harcèlement. Pourquoi n'en parle-t-elle pas à un collègue ? Pourquoi ne va-t-elle pas trouver un syndicaliste ? Pourquoi ne s'adresse-t-elle pas à un supérieur ?

Les moyens de s'en sortir : ne pas rester isolé

Le système lui-même apparaît parfois comme complice involontaire des abus. On demande souvent aux employés de ne parler qu'à leur chef direct, de ne pas sauter les échelons de la sacro-sainte hiérarchie… Oui, mais quand le chef direct, justement, est l'abuseur ? En fait, quand la situation déraille, la manière habituelle dont fonctionne le système ne peut plus être acceptée. Hélas, beaucoup de systèmes hiérarchiques tolèrent ce rapport en vase clos entre deux personnes, l'abuseur et l'abusé. Le système est donc en lui-même relativement malsain et ne crée pas d'antidotes au dysfonctionnement.

Mettons-nous dans la peau de Josiane. Elle se vit un peu exploitée, mais elle n'ose rien dire parce qu'elle attend une promotion. Son travail est souvent dévalorisé, parce que les abuseurs tiennent aussi les abusés par le dénigrement… Si la victime se persuade de sa propre médiocrité, elle demeure d'autant plus passive.

Josiane implose, se déprime, vit sous cachets, a des troubles du sommeil et des idées noires, mais tant qu'elle le peut, elle continue de tenir, elle espère encore sa fameuse promotion… Les conditions du piège sont constituées.

Finalement, Josiane trouve heureusement un espace pour se dégager d'une vérité implosive, un espace individuel, grâce à la psychothérapie tout d'abord.

Ainsi, Josiane est sortie de l'implosion pour entrer dans l'adaptation. Pourquoi l'adaptatif ne va-t-il pas se prendre les pieds dans le tapis ? Pourquoi certains vont-ils se sortir du guêpier d'un chef tatillon ?

La première forme de salut pour crever la bulle du harcèlement, c'est d'en parler, en parler à n'importe qui.

Dans une situation conflictuelle,
il ne faut jamais rester seul.

Il faut en parler à un collègue, un syndicaliste, un membre de la famille. Le piège se referme quand on ne peut en parler à personne. Emmuré en soi, on souffre deux fois plus.

Les malheureux qui implosent jusqu'au suicide sont ceux qui restent dans la bulle, sans la crever jamais. Ils meurent en introversion, enfermés dans leur propre monde. Ils ont tellement peur de livrer leur souffrance qu'elle les tue finalement. La souffrance « à la folie », la souffrance intense, vécue dans la subjectivité de l'être humain, crée potentiellement le tragique.

Après avoir expérimenté la psychothérapie, Josiane a crevé la bulle du harcèlement. Elle en a parlé à un collègue, puis à un autre et encore à un autre. Le groupe entraîne souvent un effet positif. La victime regarde comment d'autres réagissent à la même souffrance et s'enrichit des mots des autres.

La stratégie romaine de la tortue

En parlant, Josiane découvre que de nombreux salariés de la même entreprise sont harcelés comme elle. Alors se met en place une résistance groupale… On pourrait comparer cela à la stratégie romaine de la tortue. Les légionnaires se rassemblaient, lances en avant, protégés par des murs de boucliers. Le groupe fait de même : il se met en tortue ! Tous parlent ensemble et celui qui cherche à écraser chacun individuellement se heurte à une carapace plus forte que lui. On passe ainsi du harceleur qui sépare au groupe qui affronte.

Il y a une vertu du partage : quand le petit chef attaque, la tortue se forme. Car il faut savoir que le harceleur est faible. S'il ne l'était pas, il n'aurait guère besoin de harceler. La singularité des systèmes clos est de leur donner une force. Un coup de projecteur sur les mécanismes de fonctionnement de l'abuseur le dévoile, sa médiocrité apparaît, et parfois sa personnalité implose à son tour. Ou alors, il va harceler ailleurs, hélas. Mais il a rencontré un premier échec face à des victimes qui n'ont ni explosé ni implosé, mais se sont adaptées.

UN MIROIR GROSSISSANT DU MAL-ÊTRE AU TRAVAIL : LES MÉSAVENTURES DE L'ÉQUIPE DE FRANCE DE FOOTBALL

Les mésaventures tragi-comiques de l'équipe de France de football en Afrique du Sud lors de la Coupe du monde de juin 2010 offrent, à mon sens, un exemple particulier, mais éclairant, de malaise au travail. Encore faut-il accepter de changer notre mode de lecture de cette fabuleuse déroute.

Chacun a donné son avis sur cette affaire, mais s'est-on demandé ce que l'on aurait fait soi-même face à une telle situation ? Si j'avais été un joueur de cette équipe, serais-je sorti du bus, aurais-je rompu la grève de l'entraînement décrétée de manière autonome et un peu anarchique ?

L'événement, à la fois déconcertant et exceptionnel, a connu un retentissement considérable, objet d'interminables analyses, d'infinies controverses et d'ébouriffantes colères. Incroyable, scandaleux, honteux…, tels ont été les termes utilisés tant par les médias médusés que par le public déçu. Cette manifestation de mal-être au travail a paru invraisemblable, certains l'ont même ressentie comme touchant à l'honneur de la France, interrogeant l'implication de chaque joueur dans son rapport au maillot, au drapeau, au pays. Tout naturellement, quand la situation dérape, on cherche des responsables. En termes de psychologie de masse, on pourrait dire, très simplement : « Malheur à celui par qui le scandale arrive. » Nous sommes ici dans une lecture immédiate de l'événement, l'interprétation la plus facile, la plus basique.

La recherche systématique des coupables : simplificatrice et caricaturale

Cette première lecture, celle de la diabolisation, a été développée par Roselyne Bachelot, ministre de la Santé et des Sports, qui n'a pas hésité à parler « d'une équipe de France où des caïds immatures commandent à des gamins apeurés... » Dans la recherche du coupable, cette image forte – mais extrêmement simplifiée – prétendait expliquer les raisons d'un acte incompréhensible. Quand le malaise, la contestation ou la grogne surgissent dans un groupe, on imagine évidemment des meneurs et des suiveurs... Les uns comme les autres seraient en faute : les meneurs conduiraient le groupe vers l'abîme et les suiveurs se présenteraient comme des moutons sans caractère. On assiste ainsi à un double dénigrement du groupe, il sera jugé désormais dans la seule logique de leaders négatifs et de falots fragiles.

Dans cette recherche effrénée d'un coupable, les analystes ont aussi attaqué de front l'entraîneur, présenté quasi unanimement comme incompétent et qui aurait dû être chassé bien avant la compétition, nous a-t-on dit. Peut-être, mais on peut légitimement se poser cette question : quel est le rouage le plus facile à sacrifier dans le football professionnel ? Ce n'est pas le président de la Fédération, il tient la cagnotte, ce ne sont pas les joueurs, ils se battent sur le terrain... Si l'on veut créer un électrochoc après un désastre, il suffit de crier haro sur l'entraîneur ! On pourrait sans doute trouver une part de vérité dans ces cris revendicatifs, mais ce qui nous intéresse dans ce regard, c'est l'évidente diabolisation capable de focaliser la responsabilité sur un seul individu. Cette diabolisation, si rassurante pour tous, a fini par éclabousser le président de la Fédération, qui n'aurait pas pris les bonnes décisions et aurait mal gouverné son « entreprise ».

Pour étendre le sujet au monde du travail en général, remarquons que le message social est souvent simplificateur et caricatural. Évidemment, puisqu'il veut galvaniser les troupes et frapper les imaginations en schématisant à l'extrême une situation. Ainsi s'élabore, dans le discours de souffrance au travail d'une institution, une lecture qui fait porter l'essentiel de la faute sur les dirigeants, avec une vision simpliste : balayons tout ! Cette expression de la colère ne nous fait guère approcher les mécanismes subtils du mal-être des humains en milieu professionnel.

Malaise et interactions complexes

Dans une seconde lecture de l'événement, nous pouvons considérer que nous nous trouvons devant le malaise d'un groupe placé face à ses échecs, conditions exacerbées encore par la déception des supporters et le déchaînement de la presse. Plutôt que de désigner des individus – donc des coupables –, je ciblerais plus globalement un groupe au travail placé dans une situation difficile. On pourrait alors analyser cette équipe comme soumise à un système d'interactions complexes, qui nécessite plusieurs facteurs de mal-être pour secréter l'abcès, c'est-à-dire la décision de faire grève.

Prenons l'affaire du début en rappelant ce que nous a révélé *L'Équipe*. Un joueur aurait lancé crûment à l'entraîneur : « Va te faire enculer, sale fils de pute ! » Que fait-on quand un subordonné parle de cette manière à son chef ? Comment répondre au scandale ?

Certains vont dramatiser les événements en réclamant à hauts cris l'exécution du coupable. D'autres, en revanche, vont demander une réaction, certes, mais en soulignant que de tels débordements peuvent survenir sous la pression. Ceux-là proposeront une gestion intelligente de la crise avec, à la clé, une sanction de principe.

Si l'on observait le paysage d'un point de vue uniquement sociologique, en oubliant la Coupe du monde, on constaterait un malaise au travail avec de fortes contestations sur une décision prise par la hiérarchie et une insatisfaction globale qui a débouché sur la grève… Déroulement presque banal, que l'on peut observer régulièrement dans nos entreprises. Il faut le savoir, tout système hiérarchique crée des tensions. Et face à l'explosion, le choix est toujours ouvert : relativiser ou agir. Quand un malaise se sait, quand le décideur ne peut plus étouffer le problème dans l'œuf, quand la multitude s'en est emparée, il faut soit céder au discours revendicatif en coupant une tête, soit résister en apaisant ce déferlement excessif. Le décideur se trouve donc devant ces deux options, mais la médiatisation favorise l'urgence et le diagnostic simple, il est si facile alors de trouver un coupable et de l'éjecter.

Je pense que dans une logique de résistance, face à un événement hors norme, on pourrait dire, comme je l'ai entendu aux États-Unis : *So what* ? Et alors ? Même si certains poussent au crime, faut-il forcément accorder le sacrifice exigé ? Couper une tête peut être parfois légitime, mais n'est-ce pas toujours une solution de facilité ?

N'est-ce pas donner raison à ceux qui crient le plus fort ? Il y a un scandale, répètent certains, identifions le coupable, pendons-le haut et court, et l'on aura évacué le scandale ! Mon propos est de démontrer qu'un vrai choix est possible : pour crever la bulle du scandale, doit-on offrir un coupable au public afin de relancer la machine, ou peut-on s'opposer à la foule inconséquente ? Finalement, *so what ?*

Crier au scandale, hurler avec les loups en mettant en exergue une seule phrase, sans évoquer le contexte, zoomer sur l'insulte produit un message tronqué qui ne peut que mettre le feu aux poudres.

Dans ma lecture complexifiée, celle de l'avocat du diable, une question s'impose : sous la flambée de la presse, fallait-il exclure Nicolas Anelka, l'auteur de l'insulte ? Sans exclusion, avec une gestion discrète à l'intérieur de l'équipe de France, il n'y aurait pas eu grève. Poussons un peu l'analyse de la dynamique de groupe : dans toute entreprise humaine, la désignation d'un coupable, puis sa condamnation, font mettre le doigt dans un engrenage qui entraînera obligatoirement des réactions exacerbées. Je dis ici le danger qu'il y a à céder au courant théâtralisé, surchauffé, hystérisé, de ceux qui réclament une tête. La hiérarchie pense circonscrire le scandale, mais elle entraîne parfois une dérive qui aboutit à une réalité pire encore. Penser n'avoir comme solution que de sacrifier le coupable trahit un manque d'imagination. Je ne dis pas qu'il fallait maintenir Anelka à son poste, mais ne pas même se poser la question a révélé la faiblesse de la gestion des tensions dans le cadre d'un malaise au travail. Qui a voulu voir, en effet, que les mots prononcés trahissaient un profond malaise ? Dans son langage excessif, ce joueur n'a-t-il pas dénoncé quelque chose dans la manière dont la barre de l'équipe était tenue ?

Certains, pour en rajouter, ont voulu voir en Anelka la parfaite image du mauvais garçon. Ah bon ? Ce même joueur est pourtant encensé dans son club de Chelsea, où il fait la pluie et le beau temps, considéré là-bas comme un équipier modèle et un efficace marqueur de buts. Même si l'homme a une potentialité de rebelle, celle-ci n'a pu se manifester que dans un cadre particulier. Isoler un joueur en dehors de l'équipe, en dehors de l'entraîneur, en dehors du management, en dehors du contexte, entraîne obligatoirement une simplification abusive. Analyser une forme d'agressivité, une forme de transgression, sans en situer l'environnement et l'ambiance, produit un discours dangereusement simplificateur.

Dans un groupe, il faut tenir compte de l'affectivité

On peut condamner l'idée de ceux qui ont pensé la grève. Pourtant, en ouvrant un peu le champ du regard, on doit aussi essayer de comprendre pourquoi les joueurs ont agi de cette manière.

Parmi les vingt-deux joueurs, il n'y avait donc vraiment que des caïds de mauvais aloi et des mollassons passifs ? Dans un discours simplificateur, on pourrait se demander pourquoi aucun héros n'a pu se lever. De mon point de vue, ce n'est pas parce qu'il y avait sur le terrain un ramassis de meneurs et de suiveurs, mais parce que le piège de l'affectivité a parfaitement fonctionné. Dans les systèmes humains au travail, celui qui a transgressé va présenter le prix qu'on lui fait payer – l'exclusion – comme un scandale absolu et l'autre, par contagion affective, va entrer dans ce discours, même s'il ne partage pas forcément la manière de voir et d'agir du protestataire. Au nom des grands principes, il aurait fallu continuer à lutter jusqu'au dernier match ; au nom des grands sentiments, nul ne voulait désavouer un camarade attaqué par le système. Nous sommes ici dans le domaine de la tragédie grecque, une tempête sous des crânes de footballeurs... Comment vivre le conflit entre devoir et solidarité ?

Cela dit, il y eut également sans doute manipulation pour exciter la troupe, élément que l'on retrouve dans de nombreux conflits du travail. En effet, quelques joueurs bien informés n'auraient pas révélé aux autres la solution proposée par la hiérarchie : des excuses publiques du coupable pouvaient mettre un terme à l'affaire. Le système aurait ainsi offert un compromis. Il était bien tard cependant, tout menaçait d'exploser et l'autorité de l'entraîneur avait été sapée par la presse durant plusieurs mois. Si une personne en position de décideur est trop attaquée, cette fragilisation favorise la révolte. Dans la dérive vers la grève, l'entraîneur n'était pas vraiment un personnage charismatique qui frappait par sa compétence. Or, il se révèle plus facile d'agresser transgressivement un responsable dévalorisé que de s'en prendre à un leader fort et reconnu.

On le voit maintenant, si l'on simplifie la situation, on ne comprend plus rien. Alors, comme notre ministre de la Santé, il reste à vilipender les caïds immatures et les gamins apeurés.

Laver son linge sale en famille

En poursuivant notre lecture de l'événement apparaît un phénomène de transition dans l'élaboration du mal-être : le poids de la médiatisation. Dans cette Coupe du monde, les médias du monde entier ont été abasourdis de voir une équipe se faire collectivement hara-kiri en direct. Mais que l'on ne s'y trompe pas, dans le monde de l'entreprise, ce « poids de la médiatisation » n'est pas absent dans une crise. Un malaise au travail se sait, transpire, fait parler. Quand rien ne va plus, tout le monde s'exprime, chacun s'empare du mal-être et sécrète un discours sur le sujet... La souffrance au travail diffuse et se répand.

Selon le capitaine de l'équipe de France, Patrice Évra, le scandale n'était pas dans l'injure adressée à l'entraîneur, mais dans sa propagation par les journaux, la radio et la télévision. Il n'a peut-être pas tort. Il est certainement plus difficile pour les décideurs de faire face à un scandale médiatisé qu'à un esclandre discret. Alors, faut-il prôner une transparence totale ou une transparence partielle ? La transparence est légitime, mais la transparence totale peut être totalitaire. Quand j'étais à l'armée, un colonel psychanalyste m'a enseigné cette vérité élémentaire : tout se passe mieux quand les conflits se gèrent au niveau le plus simple. Un scandale connu *urbi et orbi* devient difficile à contrôler. Le conseil populaire de « laver son linge sale en famille » se révèle parfois judicieux. Quand deux personnes s'accrochent, quand l'une insulte l'autre, quel est l'idéal en terme social ? Que ces deux individus s'expliquent entre eux, que le moins de gens possible soient au courant de l'affrontement.

Un conflit humain est toujours complexifié quand tout le monde s'en empare. Plus grand est le nombre de personnes au courant de la discorde est plus le feu se révèle difficile à éteindre.

Si la France avait gagné le match et si Anelka avait prononcé la même phrase, la réaction de tous n'aurait pas été la même… Quand la réalité n'est pas gratifiante, nous sommes plus enclins à laisser émerger une logique affective que l'on pourrait exprimer ainsi : perdu pour perdu, soyons au moins solidaires de notre camarade ! Comment ces joueurs n'ont-ils pas compris que leur action allait être l'objet du miroir grossissant de la médiatisation ? Quand la déception l'emporte, quand l'affectif l'emporte, on n'est plus assez lucide pour envisager les manières dont l'extérieur pourrait ressentir la situation. Quand on est déçu, quand le projet n'est plus porteur, quand on n'y croit plus, quand on n'est plus exalté par le destin commun, on accorde alors tout le poids possible à la grève affective. Les êtres humains sont capables de solidarité en tout temps, mais quand ils sont fragilisés, l'affect peut être la seule manière de se garder vivant.

Logique de projet ou potentialité de dérive

Nous avons artificiellement mis en opposition deux analyses de l'imbroglio créé lors de la Coupe du monde en Afrique du Sud. L'une a été de dire qu'il y a eu faille à plusieurs niveaux, faille d'hommes. Cette lecture est légitime, mais on peut aussi adopter une vision plus groupale pour constater que plusieurs facteurs, qui isolément auraient été sans conséquence, ont participé à l'évolution vers le désordre maximum. Un grand président ou un entraîneur charismatique aurait peut-être pu sauver les apparences, mais des gens banalement humains, soumis à une ambiance fragilisée, ont participé à la dérive vers le chaos. C'est ce qu'on appelle la loi de l'entropie : quand les systèmes humains ne sont pas organisés pour le meilleur, le pire est possible. Je ne voudrais cependant pas opposer ces deux regards sur l'événement. Pour moi, ils sont compatibles, mais vont inspirer des traitements différents de la crise.

Dans la lecture qui a été privilégiée par les médias, il faut couper des têtes. Effectivement, l'entraîneur aurait été licencié si son contrat n'était arrivé à échéance, le président a eu l'élégance de démissionner et les joueurs sont parfois jugés indignes de faire encore partie de l'équipe de France.

Dans ma lecture, celle d'une dérive collective, je relève la proposition du nouvel entraîneur, Laurent Blanc. Celui-ci a subtilement suggéré à la Fédération quelque chose qui me semble proche de mon analyse systémique : puisqu'il y a plusieurs facteurs à la crise, il n'y a pas forcément lieu de couper des têtes, privons tous les joueurs du prochain match, et lavons-les de leur faute avec cette sanction symbolique. Ensuite, ils pourront revenir en sélection.

Dans certaines sociétés dites primitives, quand un membre de la tribu a commis une faute, un cérémonial se met en place… Le coupable fait face à l'ensemble du groupe et chacun vient lui donner une petite claque symbolique, alors seulement le fautif peut retrouver sa place au sein de sa famille. Nous avons ici l'image païenne et clanique de la parole du Christ – « Va et ne pèche plus » – avec en surimpression une dimension de lavage par le rite.

*
**

Que déduire de tout cela pour la bonne santé des gens au travail ? Un groupe au travail vit à certains moments un rythme de croisière : chacun fait son boulot, sans trop se préoccuper de l'ensemble. Mais les êtres humains en groupe ont besoin d'évoluer dans une logique de projet. Où va-t-on ? se demandent-ils. Il faut que le travail accompli ait un sens soutenu par des valeurs, que l'entreprise ait une identité et un objectif, que s'établisse un dialogue entre les hommes, que ceux qui entraînent le mouvement témoignent de leur capacité de leadership. Il faut tout cela pour qu'un groupe humain au travail fonctionne qualitativement. Quand ces facteurs ne sont pas réunis, rien de fatal à l'horizon, mais nous entrons dans une potentialité de dérive.

Indépendamment de la compétence technique, les hommes au travail sont aussi mus par de l'affectif.

D'ailleurs, ce qui m'intéresse dans le sport, c'est cette affectivité des joueurs entre eux… Affectivité parfois présente et c'est la gagne, parfois absente et c'est le chaos. Je pense particulièrement à José Mourinho, entraîneur du Real Madrid, un coach de grande aura qui entretient une relation personnelle forte avec chaque joueur. En effet, l'entraîneur, le chef, ou le patron doit avoir une relation personnalisée avec chaque salarié pour le gratifier dans les émotions qui sous-tendent son bien-être au travail et aussi pour déminer les éléments négatifs comme l'animosité, le ressentiment, la frustration, l'agressivité.

À travers l'expérience malheureuse de l'équipe de France, nous avons vu *a contrario* ce qui est nécessaire pour rendre le bonheur aux hommes dans leur milieu professionnel. Prendre le sport pour décrire le monde du travail pourrait surprendre, le foot est un univers bien particulier. Je pense cependant que dans la dramaturgie de ce groupe qui a dérivé, nous avons, de façon amplifiée par l'enjeu et le regard médiatique, un miroir grossissant du mal-être professionnel. La dynamique même d'une équipe de sport – avec un président, un entraîneur, un capitaine, des joueurs – constitue une belle image d'un groupe au travail avec les enjeux suscités et les problématiques générées.

– VI –

SOUFFRIR DANS SON RAPPORT AU CORPS

Cet étrange qui nous habite

Nous ne parlerons pas ici des maladies, virus, usures rhumatismales, cancers et autres qui nous assaillent au cours de l'existence et que la médecine tente de guérir, voire d'éradiquer. Notre sujet, ce sont les accidents de parcours – parfois dramatiques – qui devraient relativiser deux sortes de souffrance qui affectent le rapport à notre corps : l'image narcissique qu'il nous renvoie et ne nous satisfait pas toujours, et les tours qu'il nous joue quand notre psychisme le tourmente.

LA FOLIE DE L'IMAGE

Beaucoup d'entre nous, notamment à l'âge de l'adolescence, éprouvent une angoisse face à leur image corporelle. On rêverait d'être plus grand, plus mince, plus beau… Il existe une souffrance de l'être humain devant la vision de son propre corps. Souffrance dont on peut extraire deux caractéristiques : d'abord, elle peut durer tout au long de la vie ; ensuite, elle est généralement fondée sur une image rêvée, c'est là d'ailleurs un des pièges de notre rapport au corps.

Si nous nous référons à cette image magnifiée, nous avons tous des parties de notre corps qui nous agacent, nous horripilent, nous insupportent… On peut être gêné par un gros ventre, un grand nez, une calvitie ou des jambes torses. Le désir de corriger les imperfections physiques n'est-il pas dès lors légitime ? On peut faire un régime pour être plus svelte, on peut se faire corriger des oreilles décollées, des paupières tombantes, des seins menus.

On comprend que les êtres humains veuillent modifier, un peu, leur apparence, qui est une part de la séduction. Mais nous assistons, parfois effarés, aux progrès et au développement de la chirurgie esthétique, à ses excès aussi quand certain(e)s perfectionnistes de l'enveloppe corporelle confient leur corps au bistouri avec une sorte d'entêtement, dans une course éperdue et perdue à la perfection physique. Un lifting, ça va ; plusieurs liftings, bonjour les dégâts !

Très rapidement, on pénètre dans une sorte de folie : la recherche effrénée d'une image admirable, jamais suffisamment admirable. Cette quête, compréhensible au départ, cache une angoisse existentielle. Souvenons-nous de Lolo Ferrari, pauvre papillon des nuits branchées, qui brûla ses ailes à la lumière d'une gloire éphémère. Après avoir subi plusieurs opérations, elle a pu afficher fièrement un visage entièrement remodelé, et surtout cent quatre-vingts centimètres de tour de poitrine pour des seins de presque trois kilos chacun ! Victime de l'image, victime d'un idéal délirant, elle mena jusqu'au paroxysme le culte de sa personne comme objet à manipuler. Souffrir dans son corps peut ainsi produire une recherche idéalisée, irrationnelle, jusqu'au-boutiste, qui s'achève dans une sorte d'automutilation dont nul ne comprend plus ni le sens ni les raisons.

Deux éléments viennent ainsi compliquer l'approche au corps : l'idéalisation et l'obsessionnalité. L'idéalisation, c'est la recherche d'une perfection qui n'est pas de ce monde. Vouloir être parfait est une chose, mais penser qu'on pourra y parvenir, croire que la prochaine opération sera exactement celle que l'on désire est un leurre où s'insinuent les ingrédients de la souffrance. Quant à l'obsessionnalité, c'est avoir l'ambition délirante de dominer sa vie et son apparence de façon absolue.

Celui-là se veut tellement organisé qu'il calcule au gramme près le type de lipides, de glucides et de protides qu'il ingérera. Tout est tellement pesé sur une petite bascule qu'il en devient fou ! Le sujet croit qu'il peut maîtriser une ligne parfaite, mais va s'imposer et imposer aux autres tellement de contraintes que son compagnon ou sa compagne va le fuir. Dans son obsessionnalité jusqu'à l'absurde, il aseptise son existence, la rationalise, la mécanise. Quand ces comportements sont poussés jusqu'à la démence, ils créent une manière d'incarner la vie qui se traduit par une souffrance du sujet et une souffrance de l'entourage.

Or il faut admettre ce paradoxe apparent : si l'on est tout entier dans son corps, on est mort. Le corps, il faut toujours le mettre en embrayage avec le psychisme.

Apprivoiser son corps, c'est l'intégrer dans un projet de vie qui tienne compte des autres, de l'amour des autres. Ce qui me frappe souvent, c'est que bien des gens me demandent :

– Comment peut-elle (il) m'aimer, puisque, moi, je ne m'aime pas ?

Que sous-entend cette question ? Eh bien, simplement ceci : je vis dans ce corps que je n'aime pas… Dans ses prémices, la séduction est liée à l'enveloppe corporelle. La relation aux autres, la relation à ses proches, l'amour, l'amitié sont d'abord corporels, corporo-psycho-affectifs, pourrait-on dire.

Un animateur de la télévision m'a raconté qu'il recevait bien souvent des gens désireux de se faire connaître. Parmi ces candidats à la célébrité, il distingue deux catégories : le premier et le second degré.

– Le premier degré, m'a-t-il expliqué, c'est le personnage qui veut montrer sa binette, il est basiquement fier de se faire voir. Dans le second degré, l'individu ressent aussi le plaisir narcissique de se montrer, mais il cherche quelque chose de plus, il poursuit un but, veut vendre son bouquin ou tient à faire connaître sa cause…

À ce second degré, les invités du plateau intègrent donc leur apparition à un projet ; mais dans le premier degré, on peut distinguer en filigrane une légère obsessionnalité de l'image, et c'est elle qui peut provoquer l'implosion quand elle envahit la personnalité.

Rester obsédé par son image, c'est ne s'intéresser qu'à soi, n'aimer que soi. Apprivoiser son corps, en revanche, c'est comprendre que l'on va retrouver la vie humaine dans le rapport à soi et la confiance en soi, mais aussi dans le rapport à l'autre et le rapport à la vie. Il s'agit de corps, oui, mais aussi d'affectif, de psychique, de passion, de projets.

On constate cette adaptation chez ceux qui osent dire de l'autre : « Je l'aime aussi pour ses défauts », ce qui peut paraître paradoxal. Dans le plaisir de l'intimité, dans l'amitié, dans la vie professionnelle, dans la vie amoureuse, on n'aime pas les autres seulement en fonction d'une image idéalisée, on les aime parce qu'ils sont aimables, parce qu'ils sont vivables, parce qu'on a tissé un lien avec eux. On est dans une texture du lien de la relation à l'autre qui n'est pas uniquement l'idéal. Bref, la séduction par l'image constitue une séduction de première intention, diablement importante sans doute, utile peut-être, mais insuffisante. En tout cas, elle n'ouvre pas sur une vie relationnelle pérenne.

Je suis toujours médusé par ce que disent ceux qui ont été abusés par un escroc. Au début, ils ont été séduits, et puis la réalité s'est fait jour. L'escroc a joué de l'image, il a fasciné, mais il n'a pas investi les éléments plus profonds d'une relation dans la durée, et ce registre s'est vite épuisé. L'image idéalisée est un mirage dans le désert : on voit l'eau au loin, on y va… et il n'y a rien !

La cinéaste Catherine Breillat a raconté[1] comment elle avait été flouée par Christophe Rocancourt, qui lui aurait extorqué des sommes extravagantes. Catherine Breillat a été victime de l'image, victime des mots, victime de la séduction par l'apparence. Car l'image, c'est vrai, reste

1. *Abus de faiblesse*, Ed. Fayard, 2009.

attractive et fascinante, sinon la publicité n'existerait pas et les petits escrocs auraient des difficultés à joindre les deux bouts…

Le complexe : souvent une focalisation sur un détail

Plus banalement, chacun d'entre nous – ou presque – éprouve une souffrance implosive par rapport à son propre corps : c'est le complexe ! On les connaît, ces mannequins sculpturales qui se déversent à longueur de colonnes dans les pages des magazines pour expliquer qu'à treize ou quatorze ans elles se trouvaient laides et mal faites. Elles sont sans doute sincères, car le complexe sur son propre physique est la chose la mieux partagée du monde. Dans *Les Mots*, Jean-Paul Sartre utilise des termes très forts pour parler de la stupéfiante découverte de sa prétendue disgrâce physique : un strabisme qui ne l'a pourtant empêché ni de fasciner par la force de sa pensée, ni de séduire les femmes. D'autres romanciers ont montré comment l'amour d'une femme pouvait relativiser leur propre laideur, transformant ces losers de l'amour en séducteurs invétérés.

Mais parfois, le rapport à soi-même est difficile face à un aspect du corps vécu comme une difformité. Et certains quolibets attaquant cette difformité peuvent mener à l'explosion. Je me souviens de l'histoire d'Éric, un garçon qui était à la fois petit et laid. D'ailleurs certains, pour le titiller, n'hésitaient pas à l'appeler Quasimodo. Pourtant, Éric avait un groupe d'amis, une petite bande qui l'acceptait comme il était… Seulement voilà, un jour, un gars de la bande a traité Éric de Quasimodo, encore une fois, une fois de trop. Fou de colère, Éric a saisi un couteau et l'a planté dans le ventre du railleur, qui en est mort.

Le cas est exceptionnel, bien sûr, mais il montre comment une blessure radicale sur l'image peut entraîner une rage destructrice, au point de tuer celui qui apparaît comme le véhicule de la vision négative. L'image corporelle dénigrée, martyrisée, peut donc mener au drame. Le jeune homme a tué parce que, au mauvais moment, on lui renvoyait de lui-même une image destructrice. La représentation du corps, commentée de façon moqueuse et ironique, peut blesser comme une flèche.

Ces attaques créent rarement des violences mortelles, mais combien de bagarres bien viriles ont-elles eu pour origine des expressions comme « nabot », « bouboule » ou « gros tas » lancées avec trop de hargne ? L'attaque verbale contre le corps est toujours blessante, elle incite celui qui la subit à exploser. Et si cette violence nous atteint si fortement, c'est qu'elle traduit un manque de confiance en nous-mêmes.

Cela dit, souffrir d'un complexe physique ne mène pas toujours à une rébellion violente. Cette souffrance peut néanmoins « miner » le moral, entraver les relations humaines, déprimer, conduire à l'implosion.

Je suis trop petit, je suis trop gros, j'ai les fesses trop basses, j'ai de la cellulite, j'ai un visage déplaisant… Les sujets de complexes se font divers et variés, mais ils s'en prennent généralement à un détail, à une partie du corps. Et ce détail prend pour le sujet un poids dont il n'est pas totalement conscient. « Avec cette gueule, avec cette poitrine, avec ces jambes, je ne me plais pas, je ne peux pas être aimé, je ne peux pas m'aimer, je ne peux pas avoir confiance en moi », se persuadent les champions du complexe. Ils attribuent ainsi des fonctions psychiques essentielles à ce détail corporel jugé rédhibitoire par son évidence, par son côté inébranlable, par sa permanence.

J'ai eu un patient affecté d'un fort bégaiement. Comme dans les difficultés de l'apparence purement physique, cette particularité compliquait son rapport aux autres. Il se sentait ridicule et se cachait le plus souvent possible. Un jour, il a croisé un autre bégayeur, qui, lui, n'avait aucun complexe. Cette rencontre a bouleversé sa vie, il ne pouvait pas imaginer que l'on pouvait bégayer sans en être mortifié, il ne soupçonnait pas qu'on puisse en rire !

Ce sont les ingrédients psychiques qui donnent le tragique au détail corporel qui nous pèse. La souffrance n'a ici que le poids, la force et le sens qu'on lui attribue soi-même.

Ce qui est étonnant dans la souffrance implosive, qui déprime à petit feu, c'est que le malaise existentiel affleure, mais souvent les victimes n'en connaissent pas consciemment les raisons. Le rôle du thérapeute est alors d'identifier cette fixation sur un détail physique qui érode le rapport de son patient à sa propre personnalité.

André Malraux disait : « Il faut cinquante ans pour faire un homme, et ensuite il faut qu'il se prépare à mourir. » Dans ce chemin, qui va du petit d'homme à l'adulte, doit s'effectuer le long travail d'adaptation qui consiste à éradiquer la souffrance en s'acceptant tel que l'on est, physiquement entre autres, en acceptant les parties de son corps qui ne correspondent pas à l'image idéalisée que l'on a de soi-même, et en admettant aussi que ce corps ne reste pas fidèle, en vieillissant, à ce qu'il a été. Chez certains êtres, en effet, l'obsession de rester jeune fait oublier de vivre...

Ce chemin vers l'acceptation profonde, radicale, humaine, peut être plus ou moins bien arpenté. Bien souvent les adultes qui affirment avoir apprivoisé leur image n'ont pas fait le travail jusqu'au bout... Ils « apprivoisottent » ce soi-même qui les regarde dans le miroir. Ils s'acceptent et ne s'acceptent pas. Il reste en eux un résidu de souffrance, même si ce n'est plus la souffrance à la folie. D'autres, en revanche, vont jusqu'au bout du chemin. Ils ne souffrent plus, ont trouvé la confiance en eux par une sorte de lâcher prise proche du bouddhisme zen.

L'anorexie : une maladie de l'idéalisation

Paradoxe : l'idéalisation du corps peut créer des atteintes au corps. Avec l'anorexie – c'est-à-dire le refus de l'alimentation –, la maladie de la perfection rêvée fait des ravages. On a tous en tête les images de ces mannequins élongés, étiques, efflanqués, vision d'ailleurs si forte qu'aujourd'hui la publicité et les défilés de mode commencent à être remis en question. Certains proposent d'interdire d'afficher ces représentations malsaines du corps humain, comme l'Espagne l'a déjà fait en partie.

Nous sommes ici dans l'excès, évidemment, une démesure qui fait du corps une image, et seulement une image. Le corps qu'on nous exhibe n'est plus fait pour la vie, il se fait distance, souffle, éther.

L'anorexie est, en partie, une maladie de l'idéalisation.

– J'ai envie de ressembler à cette image de ces mannequins qui m'ont fait flasher, ressassent certaines jeunes filles.

Effectivement, dans l'apparence filiforme des mannequins, on distingue une indéniable esthétique, on y voit de la ligne et une certaine grâce, on peut rationnellement comprendre que des gamines aient envie de ressembler à cette représentation idéalisée… Seulement voilà, cette image exaltée est invivable dans le concret du quotidien. Il faut le savoir, il faut le dire, il faut le répéter : elle suppose souvent de se faire régulièrement vomir et en tout cas de si peu manger que les malaises menacent. Elle exige, enfin, de s'ingénier, jour après jour, à ne pas prendre un seul gramme, voire à maigrir encore. L'image idéalisée n'est possible que si l'on mène une vie irréelle.

L'anorexie apparaît donc comme la fétichisation d'un visuel, comme la sacralisation d'un corps qui n'est plus fait pour être touché, caressé, aimé, un corps seulement offert à un plaisir voyeuriste mythifié. Tout cela pour l'amour de se mirer dans son miroir.

On se trouve ici devant une image purement cérébrale, un idéal à la folie qui entraîne une souffrance à la folie : si mon image devient l'essentiel, la vie ne compte plus.

« Au début, je voulais obtenir un beau visuel, mais mes privations m'ont mise en danger… Je meurs guérie de l'image que je rêvais d'avoir et que j'ai fini par incarner. »

Au moment où l'on obtient une image absolue et folle du corps, la vie s'évapore. Belle et triste métaphore : quand l'être humain poursuit à la folie une image idéalisée, la vie, le plaisir de la vie, le désordre de la vie déshabitent le corps, et l'image disparaît. Souffrance par implosion qui verse dans le drame de l'anorexie poussée à son terme.

Sans aller jusqu'à ces extrêmes, nombreuses sont les jeunes femmes qui prennent le chemin de cette idéalisation de soi, mais s'interrompent à mi-parcours. Elles implosent de ne pas trouver, pour elles-mêmes, l'image raisonnable. Cette image raisonnable, non idéalisée, n'est pas si aisée à imposer. Il s'agit d'une représentation que l'on pourrait qualifier de *good enough*, « suffisamment bonne », pour reprendre le terme du psychanalyste britannique Donald Winnicott. Elle devrait permettre de vivre sereinement dans son corps, avec soi-même et avec les autres. Sans cette représentation acceptée peuvent apparaître des souffrances intermédiaires d'implosion, qui conduisent à la dépression.

L'image « acceptable » de l'adaptatif

Certains parviennent parfaitement à gérer leurs complexes, leurs imperfections, leurs kilos en trop. Ils savent circonscrire leur crainte de voir leur image corporelle générer moqueries et rejets. Chez ces adaptatifs, on va trouver deux grands vecteurs…

Le premier demande de faire l'état des lieux de façon forte et rationnelle. Si vous avez la génétique d'une famille d'obèses, vous ne ressemblerez jamais à Naomi Campbell. Acceptons tous une lucidité sur ce que le destin nous a donné.

Le second élément, assez classique dans nos analyses, exige de ne pas rester seul avec sa souffrance. Les personnalités introverties, avec leur souffrance fixée, sont statistiquement plus affligées, plus douloureuses, que celles qui en parlent. Confier son tourment à un tiers ne le fait pas disparaître comme par enchantement, mais l'apaise, en diminue d'un cran l'intensité.

Équipé mentalement de ces deux éléments, on pourrait partir à la recherche de l'image acceptable de soi… Acceptable et aimable. Le terme « acceptable » seul pourrait évoquer un renoncement ; complété de l'adjectif « aimable », il signifie que l'image recherchée permettrait à moi-même et aux autres de m'aimer.

Partir à la recherche d'une image de soi-même « acceptable » en terme rationnel, « aimable » en terme affectif. Faire les efforts raisonnables pour l'atteindre, la conserver, voire la modifier grâce aux possibilités du monde moderne… Telle est la voie vers l'adaptation.

Il s'agit ici non seulement d'apprivoiser la vie, mais de s'apprivoiser soi-même, d'apprivoiser la folie de l'idéal qui pourrait nous pousser à des sacrifices importants, à des objectifs séduisants, mais trompeurs et délétères.

L'ÉNIGME PSYCHOSOMATIQUE

Avant d'aborder l'énigme des manifestations psychosomatiques, faisons la transition par la boulimie qui, dans un premier temps, pourrait apparaître comme un contrepoint à l'anorexie. Il s'agit, en fait, d'autre chose. Le besoin continuel de manger est assez rare dans sa forme extrême, moins tragique en tout cas que l'anorexie. Nombreux sont ceux qui, sur des périodes limités, mangent trop, mangent alors qu'ils n'ont plus faim, mangent de manière outrancière et désordonnée. Quelle est la dynamique de ces comportements excessifs d'ingurgitation ? La nourriture peut revêtir une fonction préventive de la dépression. Quand la vie ne va pas, quand survient un malaise existentiel, quand on ressent un vide en soi, quand rien n'est évident, quand on se trouve en échec, l'angoisse douloureuse est gérée chez certains par l'ingurgitation de nourriture. En dévorant, je cale mon angoisse. Telle est la clé des comportements boulimiques au sens large du terme.

Pour faire simple – et en excluant, encore une fois, les cas pathologiques –, le comportement boulimique intervient quand les gens s'ennuient. Ils ne sont pas heureux, vont mal, ne sont plus animés par un projet, amoureux, professionnel ou artistique. Autrement dit : ils ne sont plus portés par une passion de vie.

Selon moi, les gens vont bien quand ils sont animés

par ce qu'on pourrait appeler l'œuvre. Un couple, c'est une œuvre ; s'occuper de ses enfants, c'est une œuvre ; avoir un métier dans lequel on croit, c'est une œuvre ; avoir une passion dans la vie, c'est une œuvre ; vouloir que sa vie serve à quelque chose, c'est une œuvre. L'être humain se sent bien quand il est animé par un souffle.

Quand il n'y a plus de souffle, quand on se trouve dans le neutre, c'est l'obscurité. Le neutre, c'est du négatif. Pour les plus fragiles, il constitue un trou noir dans lequel ils peuvent tomber. L'une des manières d'oublier cette grisaille, c'est de manger, manger beaucoup... Quand j'ingurgite de la nourriture, j'éprouve une satisfaction physiologique. Remplir le corps crée des sensations qui font momentanément diminuer l'intensité de l'angoisse psychique.

Quand le corps réagit à la souffrance de l'esprit

De façon plus large, intéressons-nous maintenant à cette réalité popularisée par le discours médical, celle des affections psychosomatiques. Définir la réalité psychosomatique revient déjà à en théoriser une des clés... Il faut alors énoncer cette vérité qui ouvre des portes et nous plonge dans l'étonnement : le corps réagit parfois aux souffrances de l'esprit.

Il fut un temps où, peut-être inspiré par un regard trop symbolique, certains psys voulaient croire que le lieu de l'organe souffrant avait une signification. Ainsi, un patient malade du cœur avait sans doute des problèmes amoureux et celui qui souffrait de spasmes intestinaux vivait évidemment une situation qu'il ne pouvait pas digérer… On pourrait décliner sans limites cet *Almanach Vermot* des maladies psychosomatiques, mais les choses me semblent tout de même un peu plus complexes.

Lorsque l'on n'est pas à même de percevoir clairement ce qui nous fait souffrir, l'angoisse et le stress vont se nicher dans le corps. Où ? Il y a pour chacun de nous, parfois en raison de tropismes familiaux, des organes qui, sans qu'on le sache, sont plus fragiles, plus sensibles, plus friables, et deviennent la cible des attaques psychosomatiques.

Tout se passe comme si une dimension inconnue et inconsciente frappait le corps. Et ce tremblement se traduit par une hyperexcitation du système nerveux végétatif, c'est-à-dire la partie du système nerveux qui irrigue tous les organes et sur-réagit sous l'effet de la souffrance. Mais la cause précise de cette souffrance nous échappe. Par exemple, des spasmophiles font des crises de vibrations sans mobile apparent, à des moments où rien de remarquable ne se passe dans leur vie. On voit aussi des spasmes de l'intestin ou des digestions douloureuses sans cause réelle, et un certain nombre de réactions inexpliquées de la peau avec eczéma ou psoriasis. Le corps souffre donc, mais on ne comprend pas pourquoi…

Les maladies psychosomatiques nous mettent en contact avec le mystère des relations du corps et de l'esprit.

La composante psychique de ces affections résulte probablement d'une souffrance inconsciente dans la manière dont on existe. Le diagnostic premier est simple, chacun peut constater en soi des symptômes fonctionnels : boule dans la gorge, accélération cardiaque, picotements dans l'estomac, spasmes intestinaux, éruptions cutanées, contractions intempestives des muscles… Cette réalité doit nous amener à nous interroger sur deux réalités un peu différentes de notre existence.

La première est celle de l'équilibre physiologique de la vie quotidienne. Le mode de vie moderne, par la trop faible utilisation du corps, fait que l'on mène une existence que l'on dit trépidante et stressante, mais qui est surtout sédentaire. La première piste est donc de remobiliser son corps. L'être humain du XXIe siècle, en proie à des sensations multiples, surexcite son système neurovégétatif et sous-utilise ses muscles. Or si nous sommes esprit, nous sommes aussi un corps et nous avons besoin de mobiliser ce corps au quotidien. Il faut entrer dans une logique animale pour satisfaire l'indispensable activité musculaire. Ce corps qui souffre sans mobile apparent doit être mobilisé sur le plan physiologique.

La seconde réalité est plus psychologique. Quand le corps parle sans raison visible, c'est souvent parce qu'une évidence nous échappe. Cette pensée doit alors nous traverser l'esprit : il y a forcément un domaine de ma vie, un domaine de mon humanité, qui souffre sans que j'en sois conscient.

En effet, on peut se trouver entre deux amours et s'en montrer satisfait. Mais est-on sûr de ne pas nourrir à bas bruit la nostalgie d'une vie affective à deux ? On croit avoir fait le deuil du destin chaotique d'un enfant, et peut-être ne l'a-t-on pas véritablement accepté. On dit être satisfait de son sort professionnel, mais inconsciemment on juge son travail dénué d'intérêt. En tout cas, il y a forcément une part de notre besoin d'exister au sens fort qui souffre sans qu'on le sache.

Nous avons là un des mystères de l'énigme psychosomatique. Souvent, nous pouvons souffrir plus qu'on ne le pense de notre mode d'existence, même s'il apparaît plutôt satisfaisant et relativement banal. Avant de « se fabriquer un ulcère à l'estomac », comme le dit le langage populaire, il faut donc essayer de trouver une solution…

UNE SOUFFRANCE DU CORPS HORS NORME : LE DÉNI DE GROSSESSE

Parfois, le corps est étrangement absent de notre conscience. Observons un cas très particulier, hors norme, qui défraie la chronique et nous sidère : le déni de grossesse, puisque c'est ainsi que ce phénomène a été désigné dans le débat social. Nous allons retrouver ici le mystère du rapport entre le corps et l'esprit.

Certaines femmes peuvent être enceintes jusqu'au sixième ou septième mois sans le savoir. Elles découvrent finalement leur grossesse par hasard, à la suite d'un malaise ou grâce à un examen médical de routine. Cette idée qu'une grossesse puisse se développer jusqu'à un stade avancé sans que la future mère ne le sache semble souvent incompréhensible, inexplicable, inacceptable, c'est pourtant une réalité gynécologique. Notre corps semble donc doué de sa propre vie, parfois coupée de la vie de l'esprit.

Il existe une forme de déni de grossesse encore plus stupéfiante : « l'infanticide », comme titrent les journaux face à ces affaires. En fait, les psys nomment plus précisément cette dérive « néonaticide ». L'ignorance de la grossesse se poursuit jusqu'au terme, et la mère, désemparée, finit par tuer ou laisser mourir le nouveau-né…

« J'avais peur », dit-elle

Claire a trente-cinq ans. C'est une petite femme un peu boulotte aux cheveux noirs et aux yeux sombres. Claire est mariée, elle a été enceinte il y a quelques années, mais n'a pu conduire la grossesse jusqu'à son terme : le fœtus est mort dans son ventre. Un peu plus tard, elle est tombée amoureuse d'un autre homme, brève passion clandestine. Au bout de quelques mois, son amant a rompu cette relation extraconjugale.

Claire pleure secrètement son amour envolé, quand elle remarque son retard de règles… Elle se pose des questions, mais dans son esprit se bousculent des pensées contradictoires : une partie d'elle-même espère être enceinte, l'autre est totalement angoissée à cette idée. Claire hésite longtemps avant de faire un test de grossesse. Un conflit mêlant l'amant disparu, l'enfant hypothétique, le mari bien réel hante son psychisme, au point de reculer l'épreuve de réalité.

Finalement, elle se décide. Le test est positif, Claire est enceinte. Le débat intérieur reprend avec une nouvelle vigueur : « Il serait raisonnable, estime-t-elle, d'interrompre cette grossesse, puisque le père est parti, mais je serais si heureuse d'avoir enfin un enfant… » Le bébé fera peut-être revenir l'amant inconstant, rêve-t-elle. Et puis l'avortement la rebute. Par tradition, par culture, par son histoire personnelle aussi – le souvenir de l'enfant mort –, Claire reste attachée à la vie.

Elle hésite tellement qu'elle laisse passer la période possible d'I.V.G. Elle se sent piégée par elle-même. Puisqu'elle ne veut pas et ne peut pas avorter, elle entre dans une période où elle choisit de ne plus penser aux contradictions qui la bousculent. Elle sait qu'elle est enceinte, mais elle ne veut pas le savoir. La grossesse se déroule, mais elle n'est pas investie intimement et socialement.

Un processus physiologique bien connu se développe : après un premier temps d'hésitations surgit un deuxième temps où l'inquiétude et l'ambivalence entraînent une sidération de la pensée. Tout se passe comme si Claire n'était pas véritablement enceinte ; en tout cas, elle ne veut plus y penser, elle essaie de l'oublier, peut-être parce qu'elle ne trouve pas de solution à son problème.

Chez cette jeune femme, la période de non-pensée, de non-investissement, est émaillée de quelques fulgurances. De façon très ponctuelle, elle tente de réfléchir au lendemain… Dans ces instants, elle a des flashes, elle se voit tenant dans ses bras son enfant et le présentant à son mari… Dans une scène magique et imaginaire, l'époux comprend tout et accepte le nouveau-né, fruit de l'adultère.

On voit la force de cette scène épurée, tentative du psychisme de trouver une solution pour l'aprèsgrossesse : les époux ne se parlent pas, n'évoquent pas l'insupportable réalité, mais se comprennent merveilleusement et toutes les difficultés sont aplanies. Mais ces visions sont rares, et quand elles surviennent, elles se dissipent aussitôt.

La grossesse continue de se dérouler sans que Claire y pense vraiment, sans que son entourage s'en aperçoive.

Arrive le moment de l'accouchement. Cette femme, qui a vécu son état sans le dire à personne, se trouve condamnée à s'isoler, à vivre seule la délivrance. On imagine son angoisse, l'ébranlement émotionnel produit par cette situation ! L'enfantement, les douleurs, le cordon ombilical à couper, tout se fait dans un état de tension extrême.

– Ça s'est passé très vite, raconte Claire. Je suis allée dans la salle de bains, j'ai perdu le bouchon, il y a eu des contractions… Je me suis dit : c'est pas possible, je vais accoucher toute seule… j'étais totalement paniquée. Heureusement que je me suis souvenue des cours suivis pour ma grossesse précédente, et j'ai essayé de me contrôler… Je soufflais, la tête est sortie, ça passait tout seul, j'ai pris une serviette, je l'ai entouré…

Quelques instants encore et Claire constate que le bébé est tout bleu. Elle le croit mort, elle le veut mort peut-être, l'enveloppe dans un sac plastique, le dépose dans la poubelle du voisin, prononce une petite prière et s'en va.

En fait, le nouveau-né est bien vivant. Il est vite découvert dans la poubelle… Humainement, tout se termine bien : l'enfant est sauvé, le mari accepte de le reconnaître, Claire est heureuse d'être maman.

En dépit de ce *happy end*, la jeune femme a évidemment été mise en cause par la Justice pour délaissement d'enfant. En tant qu'expert des tribunaux, j'ai eu à l'interroger. Elle m'a raconté ses ambivalences au début de sa grossesse…

– Sur le coup, je n'y pensais pas trop, c'est maintenant que je me dis que je n'arrivais pas à faire face à l'idée d'avoir un enfant qui ne serait pas l'enfant de mon mari. J'en avais honte, je me sentais coupable, pas seulement vis-à-vis de lui, mais aussi vis-à-vis de moi-même. Cette situation, je n'arrivais pas véritablement à l'imaginer. C'est curieux, je savais que j'étais enceinte, et en même temps c'était comme si je ne l'étais pas… J'arrivais à l'oublier… Je n'y pensais plus.

De nombreuses femmes ont plus ou moins vécu ces petites inquiétudes, ces petits questionnements autour du bébé à venir… Faire le test rapidement ou pas, apprécier si la naissance vient au bon moment ou pas… La caractéristique de cette affaire est l'étouffement de la réalité de la grossesse par une femme dont le conflit psychique paraissait trop lourd.

Avec la fin de la grossesse, on retrouve chez Claire une anxiété présente consciemment dans de nombreuses grossesses vécues sans être dites : la crainte d'être démasquée. Le psychisme se concentre, s'arc-boute sur cette crainte, la femme a peur que d'autres devinent cette vérité à laquelle elle ne pense pas.

– J'avais peur d'être vue, j'avais peur que mon mari remarque quelque chose, j'avais peur d'être obligée de lui avouer la vérité, m'a révélé Claire.

Comment les proches d'une femme enceinte de plusieurs mois peuvent-ils ne rien voir ? pourrait-on se demander. Cela paraît invraisemblable. Tous ces itinéraires de grossesse non investie démontrent pourtant que, de façon sidérante, l'entourage ne soupçonne rien. Enfin, en ce qui concerne au moins les cas qui arrivent dans nos cabinets… Le psychiatre ne connaît pas les histoires de grossesses dévoilées, repérées, devinées. Dans ces cas-là, les choses se terminent évidemment de manière bien différente et ne sortent guère du cadre intime de la famille et du couple.

L'horreur du néonaticide se révèle encore plus intense face à celles qui ont vécu ce drame à plusieurs reprises… La répétition du geste homicide contre son propre nouveau-né reste rarissime, même si certains commentateurs ont voulu porter un regard très critique, très dur, sur ces événements en diabolisant ces quelques femmes. La réalité me paraît bien différente. Cela semble sans doute stupéfiant, mais la répétition de ces grossesses qui se terminent mal se vit dans la même logique que celle du néonaticide unique. Effectivement, la répétition peut faire penser à une perversion extrême dans cette mort donnée à un nouveau-né, mais il s'agit simplement de la même histoire qui se répète tragiquement. Ces femmes interpellées dans le box par la société sont des êtres fragiles, anxieux, souffrants, non des monstres égocentriques ou mégalomanes. Il n'y a en elles rien de démoniaque, seulement un mal-être, une méconnaissance de leur propre corps et, tout au fond de leur âme, une souffrance infinie.

Les mille et une manières d'ignorer une grossesse

Je me souviens d'une petite scène qui s'est déroulée il y a plusieurs années dans mon service hospitalier. Nous discutions d'un drame d'infanticide, le débat était un peu animé, certains de mes collègues pensaient qu'il était impensable que l'entourage n'ait pas remarqué la grossesse de la mère…

Soudain, l'interne du service nous a lancé :

– Je suis enceinte de six mois…

Personne ne l'avait remarqué ! Cette femme discrète avait réussi à nous laisser tout ignorer de sa grossesse, pourtant bien avancée. Si l'autre ne communique pas sur ce qu'il vit, les proches ne sont souvent pas assez attentifs, pas assez perspicaces, pour remarquer un changement, même profond, même évident.

Une femme qui est heureuse d'être enceinte, qui investit sa grossesse, exhibe en quelque sorte son ventre, le porte en avant, satisfaite de sentir le regard des autres se poser sur ses formes de future mère. En revanche, la femme qui n'investit pas sa grossesse se rétracte, se replie, se couvre de vêtements qui dissimulent un plus ou moins discret embonpoint.

On l'imagine bien, la grossesse non investie est souvent vécue dans une ambiance dépressive, certaines mères sont traversées par des idées de suicide tant elles sont dépassées par les événements. Comment vivre une grossesse non investie, non nommée pour soi-même, non verbalisée pour les autres ? Le drame étonnant, c'est de trouver, chez la future mère, un psychisme dont la capacité d'évitement et de passivité face aux conflits parvient à geler toute pensée, si bien que l'enfant n'existe ni pour la mère ni pour les autres.

Qu'est-ce qui constitue le côté humain d'une grossesse ? C'est d'en parler, de verbaliser l'événement, d'en informer son entourage… D'une certaine manière, une grossesse non nommée socialement engendre une situation non humaine, et quand les conditions ne sont pas humaines, on souffre, on souffre à la folie.

Pour reprendre le cas de Claire, on reste surpris par la puissance du mécanisme psychique qui permet à la mère de gommer la réalité du processus physiologique qui se développe en elle.

Parfois l'être humain est dépassé par un conflit dont il n'arrive pas à trouver une solution de dégagement. Il est angoissé, n'arrive plus à penser, et se laisse comme écraser par un choix qu'il ne parvient pas à trancher.

Alors, hélas, souvent tout se termine mal. Dans la plupart des grossesses non investies qui vont jusqu'à leur terme, la mère estime n'avoir aucune autre solution que de faire disparaître l'enfant ou de le laisser mourir. En ce sens, Claire fait exception puisque son drame intime finit dans le bonheur de l'enfant retrouvé.

*
**

Le néonaticide est un classique de la criminologie. On est ici évidemment dans l'étonnant, le rare, bien loin de ce que d'aucuns appellent « le déni de grossesse ». La grossesse peut être déniée quatre, six, sept mois, les gynécologues reçoivent régulièrement des femmes qui ne sont pas conscientes de leur état, jusqu'à ce qu'un élément permette au médecin de le découvrir. À partir de là, elles assument leur grossesse et tout rentre dans l'ordre.

Mais quand la grossesse reste non investie jusqu'au bout, le refus qui s'est prolongé neuf mois se poursuit après l'accouchement. Dans mon expérience de psychiatre-criminologue, je ne connais aucun exemple de femme qui, après une grossesse non dite, aurait accouché en clamant à la cantonade son émerveillement soudain d'être mère.

En fait, quand les grossesses vont à leur terme sans être déclarées socialement, une partie de la conscience le sait. En effet, les femmes capables de vivre une grossesse physiologique sans le savoir apparemment, en sont tout de même conscientes, mais par éclipses. Elles y pensent et puis oublient. Elles appliquent ce que j'appellerais « la politique de l'autruche » : elles enfouissent la tête dans le sable du non-dit, pour ne pas voir, pour ne pas savoir. Une partie d'elles-mêmes connaît leur état, mais elles ne l'investissent pas.

– Plus j'allais vers le terme, plus j'étais angoissée, m'a dit l'une d'elles. Cette grossesse, je n'en avais parlé à personne, ni à mon médecin, ni à mon mari, ni à ma famille. Et moi-même, je n'étais pas prête à avoir un enfant, je ne pouvais pas, ça ne m'arrangeait pas, ce n'était pas le moment.

À mesure qu'une partie de la conscience décrypte la grossesse, monte un crescendo de l'angoisse. Ce jeu de cache-cache avec soi-même et avec les autres se termine tragiquement au moment où l'enfant paraît. Comment masquer aux autres ce qu'on a masqué à soi-même ?

Cela dit, ne joue pas à l'autruche qui veut. Il faut avoir certaines caractéristiques du psychisme pour que se mette en place cette absence de décodage des signes de sa propre modification corporelle. Pour que le conflit soit douloureux au point de vivre la grossesse sans l'investir, il faut une forme de fragilité, de névrotisation, de culpabilisation dramatisée ou, plus simplement, une certaine passivité face aux conflits psychiques. Quand vient l'heure de la vérité, un tsunami anxieux leur fait supprimer cette « chose » qu'elles ne peuvent pas assumer. En quelque sorte, du fond de leur orage émotionnel, elles rêvent de modifier la réalité.

En effet, ce sont habituellement des femmes qui n'ont rien de violent en elles, rien d'épouvantable, qui ne sont pas même des personnalités égocentrées. Elles sont relativement banales, réservées, un peu anxieuses, elles vivent généralement dans l'angoisse et l'introversion. Le contraire de la confiance en soi. Elles réunissent un cocktail de fragilités, en langage psy ce sont des personnalités très névrosées, prises au piège de mécanismes internes qui les rendent fragiles jusqu'à la folie. Fragiles mais humaines, tragiquement humaines.

Le spectateur éprouve souvent une forme d'identification aux femmes qui commettent un infanticide, parce que, généralement, elles ne sont pas antipathiques, elles ont des failles, des faiblesses, ce sont des personnalités qui inspirent une forme de pitié, et une mystérieuse communication avec la souffrance.

D'ailleurs, si on les examinait en dehors du contexte du néonaticide, on ne trouverait chez elles aucun élément criminogène. Certes la personnalité est fragile, mais cette fragilité est présente chez de très nombreuses femmes, qui ne deviendront jamais infanticides. À leur fragilité s'est ajoutée une situation à risques, elles ont été prises dans un piège.

Quand l'être humain ne veut pas voir ce qui s'impose à lui, le retour de boomerang peut être extrêmement violent. Quand on ferme les yeux sur une évidence, la souffrance est au bout.

Et cette souffrance se fait angoisse, angoisse d'elles-mêmes, de la vie, de leur compagnon. L'une d'elles m'a dit :

– Avoir un enfant ? Je pensais que ce n'était pas le moment pour mon ami, j'avais peur de subir sa colère si je lui disais que j'étais enceinte.

Une autre m'a confié :

– J'avais vingt ans, j'étais certaine de ne pas être enceinte parce que ça n'avait pas de sens…

Force de l'idée magique ! Force de l'idée folle de pouvoir effacer ou modifier les éléments de la réalité : la grossesse ne peut exister puisqu'elle n'a pas de sens ! Dans l'esprit de cette jeune fille, le contexte existentiel interdisait la grossesse. Si la réalité venait démentir la pensée magique, il fallait tuer la réalité.

La difficile gestion de la réalité

Lisa, une jeune fille de province, est enceinte. Pour elle, jeune et brillante étudiante en droit, c'est le drame : elle va être obligée d'avouer à son père ses coupables relations ! Elle va peut-être devoir interrompre ses études, modifier sa manière de vivre… Au lieu de nier la réalité, comme l'a fait Claire, le psychisme de Lisa ne fait pas le « choix » de la pensée magique : la jeune fille laisse venir en pleine conscience ce qui lui arrive.

Submergée par l'angoisse, affolée à l'idée d'affronter la colère paternelle, elle avale une belle dose de médicaments, pour en finir, pour ne plus penser… Finalement, sur son lit d'hôpital, elle avoue tout à son père. Celui-ci, épouvanté par le geste autodestructeur de sa fille, lui témoigne soudain une bienveillante compréhension. Évidemment, si Lisa n'avait pas voulu mettre fin à ses jours, l'explication aurait été plus orageuse…

Placée dans les mêmes circonstances de vie, dans le même état clinique que des femmes explosives, cette jeune fille ne s'est pas réfugiée dans le silence de la grossesse ignorée. Elle est restée dans la réalité… sans parvenir toutefois à faire l'économie de l'implosion. Elle aurait pu gérer rationnellement la situation en décidant d'affronter sa famille ou de pratiquer une I.V.G., mais elle a été submergée par un conflit psychique trop lourd pour elle. Il a fallu une implosion pour que Lisa puisse gérer son histoire.

La confidence comme soupape à l'angoisse

Comment réagira une femme adaptative face à une situation aussi tendue ? Elle fera preuve d'un psychisme susceptible de penser ou, mieux encore, d'un psychisme capable de création face aux conflits. Pour prendre une image de boxe, les adaptatifs sont de meilleurs encaisseurs : ils regardent les choses en face. Pris dans les filets d'une difficulté existentielle, ils souffrent, bien sûr, mais se confrontent à leur histoire.

Cette confrontation passe souvent par la parole... On peut avoir peur de la pensée de l'autre, père, mari ou amant, on peut craindre sa réaction et sa pression, mais à bien choisir l'oreille attentive, on ressent un réel soulagement à s'exprimer. Lisa aurait pu se confier à une amie, cette amie aurait pu trouver, dans son vécu ou dans son entourage, des exemples de drames semblables qui se seraient achevés dans la compréhension et l'amour familial. La confidence crée une soupape à l'angoisse, quel que soit le dépositaire du lourd et douloureux secret... ami bien sûr, mais aussi fratrie, numéro anonyme d'écoute, services sociaux, émission de radio, prêtre, médecin.

Autre ingrédient de l'adaptation : la créativité, c'est-à-dire la faculté à imaginer des voies de sortie. On peut se confronter à soi-même, s'auto-interpeller : « Ma cocotte t'es enceinte, va falloir trouver une solution ! » Les seuls faits de savoir qu'il y a une solution à imaginer, de vouloir la trouver, sont déjà des éléments positifs qui conduisent sur le chemin de l'adaptation. Les gens implosent quand ils sont sidérés, quand ils se mettent des œillères, quand ils sont écrasés par le destin funeste qui les habite. Bref, quand ils n'entrevoient pas même la possibilité d'une issue favorable. L'adaptatif, au contraire, envisage une solution, et finit par l'accepter. Une jeune fille candidate à l'I.V.G. me l'a dit dans ses termes d'ado :

– Je l'ai dans le cul, j'ai peur de me faire charcuter, mais faut que j'y passe.

Il faut sans doute, pour s'en sortir, pour s'adapter, une franchise face à soi-même et un courage face au psychisme. Pour assumer ses contradictions et trouver une forme de dégagement, il faut une créativité de la pensée. Et même si l'on échoue parfois à trouver cette voie de sortie, il faut essayer encore.

– VII –

SOUFFRIR DE LA VIE

Le magma floconneux du mal-être
ou l'euphorie des hypomanes

La souffrance obscure d'exister ne semble parfois liée à aucune des thématiques que l'on vient d'explorer. Elle ne se confond alors ni avec la passion amoureuse, ni avec la problématique du couple, ni avec les rapports à la filiation, ni avec les difficultés professionnelles, ni avec un quelconque complexe corporel…

Au cœur de chaque être humain nichent un parfum, un sentiment, une sensation, qui composent étrangement la manière dont la vie est ressentie. La souffrance d'exister, c'est justement quand ça ne va plus, quand la vie n'a plus de sens, quand on en vient à penser, vaguement et sans raison explicite : « À quoi bon ? À quoi bon vivre ? »

Un grand nombre d'entre nous ressentent, brièvement, par intermittence, des instants de découragement. Mais chez quelques-uns, ces périodes d'accablement profond, ces moments où la vie semble s'écouler, fade, insipide et inutile, sont plus chroniques.

Généralement, le malaise existentiel survient après une perte : abandon sentimental, tension familiale, période de chômage, mal-être dans son corps… Mais quand l'un ou l'autre de ces éléments n'est pas reconnu, quand le sujet subit un ensemble d'insatisfactions non identifiables, le diagnostic est plus flou. Dans cet ensemble, des ingrédients dissimulés se coagulent, forment un magma floconneux dont le sujet peut seulement endurer la résultante.

– J'en ai marre, dit-il, mais celui qui me grogne ces mots ne sait pas pourquoi il en est ainsi.

Quand on est triste, quand on n'y croit plus, quand rien ne va, le psychisme est aux prises avec un travail de vivre découragé. De façon clinique, on pourrait dire qu'il s'agit d'un vécu dépressif. De manière philosophico-humoristique, on se demanderait à quoi bon se décarcasser puisque la vie se termine toujours mal, par la mort !

L'APOCALYPSE PAROXYSTIQUE DES PARANOÏAQUES

On pense généralement que ce rapport douloureux à l'existence reste obligatoirement lié à l'implosion, donc à l'idée de suicide. Erreur. Dans certains cas, la vie qui se délite produit de l'explosion.

Le meurtrier de masse en constitue l'exemple le plus spectaculaire et le plus dramatique. Je n'évoque pas ici le *serial killer*, le criminel plus ou moins rusé qui tue par intervalles, avec un temps de latence entre deux meurtres. Non, le meurtrier de masse massacre en une seule fois un grand nombre de personnes, comme dans une logique théâtrale dramatique. En France, on a connu Richard Durn. En 2002, ce jeune homme de trente-trois ans a fait irruption à la mairie de Nanterre et a abattu huit conseillers municipaux, au hasard. Aux États-Unis, on a vu des étudiants tirer sur les campus pour tuer d'autres étudiants, avant de se suicider…

Les criminologues savent que, dans l'esprit du meurtrier de masse, le suicide clôt toujours le scénario. Cette mort volontaire peut être accomplie classiquement par le meurtrier lui-même, qui se réserve la dernière cartouche ou, selon un autre clap de fin, ce sont les policiers qui, acculés à la fusillade, réalisent la volonté autodestructrice de l'assassin. Au cœur d'une université américaine, le tireur cerné criait aux forces de l'ordre :

– *Kill me ! Kill me !*

– Tuez-moi ! Tuez-moi ! hurlait aussi Richard Durn aux élus de Nanterre qui étaient parvenus à le neutraliser.

L'explosif, on le voit, ressent également en lui de l'implosion : il souffre, détruit et se détruit. Le meurtre de masse constitue ainsi une manière saisissante de se suicider, en faisant du dégât, en se vengeant du monde. On se trouve ici à l'extrême de l'explosivité sur fond de souffrance d'exister.

Dans la plupart des cas, les victimes n'ont aucun lien avec le tueur, celui-ci frappe indistinctement, sans enjeu personnel. Il s'agit pour l'assaillant de tirer sa révérence au monde, mais pas avant d'avoir vomi ouvertement toute la haine que la société humaine lui inspire. Le *serial killer* fait frémir, mais le meurtrier de masse pousse à s'interroger : est-il encore animé de ressorts humains ?

Heureusement, les meurtriers de masse demeurent des

cas isolés, des exceptions ultimes. Encore faudrait-il qu'ils le restent. Des psys se sont inquiétés ouvertement de la médiatisation de ces phénomènes… Ces événements, rapportés peut-être trop largement, pourraient-ils inciter quelques personnalités fragiles à imiter ce modèle odieux quand leur souffrance se fait trop violente ? Question sans réponse.

Quels sont les grands ressorts qui animent les explosifs de la souffrance de vivre ? Ils veulent faire payer à des anonymes le prix de leur douleur et de leur désir de se suicider. Pour eux, se sacrifier seuls ne suffirait pas, il leur faut signer leur départ par une explosion stupéfiante. D'ailleurs, phénomène qui frappe toujours les enquêteurs et les experts, ces assassins en devenir annoncent souvent leur crime, par lettre, par enregistrement vidéo ou par Internet. Ils veulent ainsi se singulariser, sortir de la foule, s'imposer. « Maintenant, vous saurez qui j'étais… » : par cette phrase, ou une autre du même acabit, ils proclament leur projet homicide. Créativité dans le négatif et la destructivité : ils expriment l'envie de laisser une trace, de marquer les esprits. On y lit un premier ingrédient, à la fois égocentrique et mégalomaniaque… ils rêvent de se rendre éternels !

La deuxième composante est faite d'une agressivité forte contre les autres, peut-être singulièrement contre ceux qui vivent dans le bonheur apparent. Dans sa toute-puissance, le tueur cherche à supprimer ces heureux qui dédaignent son malheur.

Enfin, autre élément, peut-être plus fondamental encore : le vécu de préjudice. Dans la détresse, l'être humain préfère parfois penser que sa souffrance est liée aux autres plus qu'à lui-même. La culpabilité d'autrui est parfois bien réelle, parfois totalement fantasmée, souvent un subtil équilibre des deux, mais qu'importe ! La réalité est ici de peu de poids. Plutôt que de tenter une analyse rationnelle des événements, ces personnalités sont systématiquement tentées de rejeter la faute sur l'autre, le différent, l'indifférent. « Si j'ai des ennuis, si je souffre, c'est que ces salauds l'ont voulu, c'est que ces pourris se désintéressent de moi et m'ont laissé de côté », pense celui qui va exploser. Le vécu de préjudice entraîne un sentiment de persécution.

Ces ingrédients psychiques macèrent dans l'esprit du futur meurtrier de masse, jusqu'à ce que sa personnalité paranoïaque explose dans une apocalypse paroxystique.

Que pense un paranoïaque face à une difficulté ? Il ressent et interprète son malaise comme une tentative volontaire des autres de lui faire du mal. Il se sent l'objet de nuisances organisées, pensées, complotées par autrui.

Dans l'esprit du psy, il ne s'agit pas de savoir si émergent, oui ou non, des éléments de réalité dans la paranoïa. Le sujet peut éventuellement avoir des ennemis bien réels, mais ce qui nous intéresse ici, c'est l'intensité subjective avec laquelle cette personne nourrit l'impression de l'hostilité d'autrui. Et l'intensité de la paranoïa paraît d'autant plus forte que les coupables visés constituent non un personnage désigné, non un groupe identifié, mais un ensemble global et anonyme s'approchant du « tout le monde ».

Richard Durn, l'assassin de Nanterre, par exemple, estimait que « les politiques », dans leur globalité, ne faisaient pas assez pour l'aider à trouver un logement, alors qu'il vivait encore chez sa mère… Lisons la lettre qu'il a laissée : « Puisque j'étais devenu un mort-vivant par ma seule volonté, je décidai d'en finir en tuant une mini-élite locale qui était le symbole et qui étaient les leaders et décideurs dans une ville que j'ai toujours exécrée. » En attribuant aux autres le pouvoir de le secourir, il leur accordait aussi la responsabilité du refus. Il se voyait comme une victime des autres, victime de leur indifférence, de leur médiocrité, de leur envie de lui nuire : « Je vais devenir un *serial killer*, un forcené qui tue. Pourquoi ? Parce que le frustré que je suis ne veut pas mourir seul, alors que j'ai eu une vie de merde, je veux me sentir une fois puissant et libre », écrivait-il encore.

Le rapport aux autres et le rapport à l'existence sont ici tragiquement marqués par ce que les psys appellent « un vécu persécutif », et l'intensité avec laquelle est perçu ce sentiment est aussi délirante qu'irrationnelle.

Subjectivement, le sujet se vit rejeté, délaissé, méprisé, moqué. Cette perception exacerbée devient vite une certitude, elle fermente et sécrète de la haine. Désormais, il en est sûr, l'autre ne lui veut que du mal, jouit de sa déchéance, savoure sa décrépitude… Une des clés fondamentales pour déchiffrer psychiquement les explosions se trouve dans cette manière paranoïaque de comprendre son propre malheur.

Pourtant, il serait faux de penser que cet acte fou dans son excès ne corresponde pas à d'autres attitudes – minimalistes, celles-là –, inspirées par les mêmes ressorts. J'ai connu le cas d'un employé renvoyé de l'entreprise où il travaillait et qui s'est suicidé. Mais avant de se donner la mort, il a inondé le Net d'une rumeur calomnieuse sur son ancien patron. Suicide, mais traces explosives pour détruire l'autre…

De la technique maternante et paternante du psy

Que l'on soit éducateur ou psy, l'art d'interpeller un explosif consiste à faire preuve d'une dose de compréhension pour sa souffrance, quand il n'est pas passé à l'acte irréparable bien sûr, quand son explosion est restée relativement limitée. Il se révèle nécessaire alors d'adopter ce qu'on pourrait appeler « une écoute maternante », mais il faut aussi, de façon plus paternante, signifier à l'explosif ayant explosé que sa souffrance ne l'autorise en aucun cas à diriger sa rage et sa grogne sur les autres.

– Souffrir ne vous donne pas le droit de martyriser des gens, devrait-on lui dire.

Bref, il faut à la fois comprendre et maintenir.

Si je n'envisage que la souffrance, je vais adopter une attitude sociale qui tend à dire : « Pardonnez-leur, ils ne savent pas ce qu'ils font, ils ne sont pas responsables… » Je cours ainsi le risque de quasiment légitimer l'acte d'agression. En revanche, si je ne considère que la violence, je vais me montrer répressif de façon aveugle, sans tendre une main relationnelle à la souffrance.

Face aux actes violents des explosifs, nos sociétés

démocratiques à sensibilité humaniste se trouvent ainsi devant un choix et une difficulté : interprétation sociologique compréhensive ou répression ?

Dans la confrontation avec les sujets explosifs, il faut parler à leur souffrance, mais sans légitimer leur violence. Il faut condamner l'acte, parce que des limites infranchissables doivent être posées, mais parallèlement, on ne peut pas ne pas écouter la souffrance.

Punir ou soigner ? Faux débat. Le sujet potentiellement explosif doit être puni *et* soigné, sanctionné *et* aidé, condamné *et* éduqué. Si l'on a comme alternative la compréhension de la souffrance ou la punition de l'explosion, on va droit dans le mur ! La tâche n'est pas facile, certes, pourtant il faut accompagner ces êtres souffrants qui menacent de se tuer, mais tout en demeurant lucide sur la potentialité destructive qu'ils portent en eux, les surveiller, les observer, le temps que la violence s'apprivoise, s'atténue, se mature, se polisse.

En clivant le monde entre répressifs et laxistes, on fait un mauvais choix. Les uns et les autres ont leur rôle à jouer : de la compréhension d'un côté, de la prise de contrôle de l'autre.

Les actes explosifs, si déconcertants, mettent au défi les professionnels de la santé mentale et les structures juridiques. En fait, ces phénomènes sont mal connus. Lorsque j'étais étudiant en psychiatrie, les professeurs nous apprenaient que la tentative de suicide représentait le risque fort de la dépression… C'est exact en ce qui concerne les patients névrosés et ceux qui font preuve d'une certaine maturité, mais pour les autres ? Les infantiles, les égocentrés, les psychopathes, les paranoïaques, les pervers vont exploser avant d'imploser, c'est-à-dire que leur violence sera dirigée en priorité sur un tiers. Pour ceux-là, le grand risque dans la dépression se concrétise en première intention par une agressivité extérieure, même s'ils sont toujours susceptibles de retourner finalement leur violence contre eux-mêmes.

Mon message clinique est que le risque de la dépression peut être aussi le risque de la violence. Si l'on ne se pénètre pas de cette vérité, on en arrive à de dramatiques fourvoiements…

En prison, un homme s'automutile en se tailladant les avant-bras, il exprime aussi des envies de suicide. Et puis, dans une rage incontrôlable, il met le feu à sa cellule… Les autorités considèrent qu'il s'agite inconsidérément, et surtout qu'il a créé un grave trouble à l'ordre public à l'intérieur de l'établissement pénitentiaire. Il est donc placé au mitard, à l'isolement.

Un psychiatre vient examiner ce détenu récalcitrant, et lui prescrit un traitement. Face à la souffrance du prisonnier, autorités médicales et autorités carcérales jugent qu'il est temps d'humaniser un peu son sort. Pour le protéger de lui-même, pour lui faire oublier ses idées noires, il est mis en cellule avec un autre détenu, un gars tranquille, plutôt bonne pâte, dont on pense qu'il calmera et pondérera son codétenu. Mauvaise pioche ! Après un mois de cohabitation, l'incendiaire étrangle son compagnon de cellule… Il a supprimé cet autre dont on pensait qu'il pouvait le rassurer, il a tué parce que son mécanisme face au malaise existentiel était de s'en prendre à autrui, il a tué parce que, dans sa paranoïa, il pensait que son compagnon le persécutait.

Il faut donc se méfier de la manière tragique dont certains peuvent vivre l'aide apportée. Quand on n'évalue pas l'intensité paranoïaque d'un sujet, quand on ne détermine pas sa potentialité agressive, le danger guette. Une lecture trop compréhensive de la souffrance peut, en définitive, induire une attitude maternante périlleuse. Il ne faut jamais perdre de vue la réalité psychique : ces personnalités témoignent d'une grande capacité à interpréter les événements de façon persécutive. De bons Samaritains ont été victimes de leur altruisme. Face à certaines personnalités, il faut se montrer lucide, et pénétrer leur fonctionnement. Sinon, en voulant leur porter secours, on peut se retrouver dans l'œil du cyclone.

Le comportement agressif dans le rapport à la vie peut se cacher là où on ne l'attend pas… Une adolescente mal dans sa peau est aidée par une psy. Celle-ci, au fil du temps, sort un peu d'une attitude professionnelle de neutralité bienveillante pour se montrer assez affective et maternante. Devant cet accompagnement émotionnel, la jeune fille fait une fixation un peu obsédante sur son médecin. Elle lui téléphone souvent, manifeste le besoin de la voir constamment disponible, déboule régulièrement à sa consultation. Tout naturellement, la psychiatre essaye de remettre sa patiente à une bonne distance, tout en continuant de l'aider de son mieux. La situation se dégrade rapidement. La psy commence à être envahie, elle est harcelée. Petit à petit, l'adolescente accuse sa thérapeute de l'abandonner, lui adresse des menaces de mort, promet d'agresser son enfant… La psy doit porter plainte, manière de mettre du champ entre elle et la jeune fille.

L'intensité paranoïaque d'un sujet ne peut parfois être tenue éloignée que par l'émergence d'un élément de la réalité, ici une plainte pénale. Bien sûr, les bonnes âmes un peu superficielles reprocheront alors à la psychiatre son attitude ferme. Je les entends : « Vous avez fait mettre en garde à vue cette pauvre adolescente, maintenant vous l'avez rendue enragée. » En fait, il n'y avait pas d'autre solution. La jeune fille, déjà enragée, devait être recadrée… Situation inextricable, même les plus chevronnés des psychiatres ne rêvent pas vraiment de recevoir en consultation un patient paranoïaque.

On le voit, si l'on néglige de mesurer l'intensité de cette paranoïa, l'attitude humaine et compatissante, somme toute banale, adoptée par un psy, un médecin, un ami, la famille, risque de se retourner contre eux en boomerang. Ce rapport tragique à la vie, rapport fait de souffrance, de désespoir et de vécus persécutifs, constitue un cocktail explosif. Mon expérience m'a appris la nécessité de s'efforcer sans cesse de décoder le psychisme de ce genre de patients avant qu'ils n'explosent. On imagine tout le doigté indispensable pour manier ces esprits torturés… Je pense que l'une des solutions thérapeutiques consiste dans la prise en charge à plusieurs soignants, qui devront tous rester constamment vigilants et garder à l'esprit que ces sujets ont une forte potentialité d'explosion.

On trouve ici un principe qui me guide dans la prévention de la violence : estimer que la souffrance doit toujours être soulagée, maternée, soignée, est un leurre et un piège. Adopter une attitude humaine et attentive ne fonctionne pas avec tout le monde. Avec certains sujets, il faut presque deviner l'intensité paranoïaque qui bout en eux de manière plus ou moins cachée. Il faut estimer leur capacité à ressentir la vie et les autres comme persécutifs, garder en tête l'idée que tout peut dériver. L'attention portée aux autres n'est pas toujours un long fleuve tranquille.

Quand les cas extrêmes nous éclairent sur nous-mêmes

Ces actes explosifs, à intensité variable, que nous venons de passer en revue, nous apprennent-ils quelque chose sur nous-mêmes ?

Soigneusement examiné, intégré, mesuré, le ressort de ces divers comportements peut nous servir et nous faire évoluer… Même si nous ne pouvons nous identifier ni aux tueurs fous ni à l'adolescente harceleuse.

Quand nous nous trouvons dans le malheur, plutôt que de regarder le monde tel qu'il est, plutôt que de tenter l'autocritique, nous avons un peu tous tendance à attribuer aux autres l'origine de nos difficultés. À des degrés divers, nous éprouvons la tentation d'expliquer nos échecs et nos souffrances par la malveillance des uns ou l'animosité des autres.

Cette disposition à se sentir persécuté peut entraîner une dérive vers une passion qui emporte tout et empêche de se dégager de la souffrance. Elle empêche en tout cas la remise en cause, elle esquive notre part de responsabilité dans notre propre malheur. Plutôt que d'analyser sa souffrance à l'aune de la réalité de l'existence, n'est-il pas plus confortable de l'attribuer à autrui ?

Plus on s'éloigne de la paranoïa et plus apparaissent clairement deux autres attitudes possibles devant les souffrances de la vie : d'une part, regarder le monde tel qu'il est ; d'autre part, développer sa capacité intime d'autocritique. Ai-je bien apprivoisé la vie ? Ma manière d'appréhender le monde ne favorise-t-elle pas ma souffrance ?

Apprivoiser la vie, c'est estimer avec justesse ce que je peux moi-même maîtriser de ma sensibilité face à l'existence. Les lunettes que j'ai mises ont-elles coloré ma souffrance ?

Dès lors, l'acceptation d'une forme de réalité existentielle ouvre des voies vers une conception nouvelle du rapport à sa propre souffrance. Trois notions se dégagent de cette analyse : une juste estimation de la responsabilité des autres, un regard de vérité sur le monde, une exigence de réalisme sur soi-même. Ces trois axes peuvent être utilisés, pensés, digérés, l'un après l'autre ou ensemble, par paire ou par triplette. On peut, effectivement, être l'objet de l'exaspération d'un supérieur hiérarchique ou de la hargne d'un concurrent, ce qui n'empêche ni le jugement lucide ni l'examen éclairé de son propre comportement.

La mélancolie ou le règne triomphant des à-quoi-bonistes

Si chacun de nous peut être un peu parano, la plupart des êtres humains n'ont heureusement pas une intensité paranoïaque telle qu'ils menacent d'explosion. Ils se contentent d'y penser, ils imaginent…

– J'aboie, mais je ne mords pas, me disent certains patients.

Cette parole populaire montre bien que, dans ces cas-là, la part paranoïaque reste enfouie, limitée, dominée.

Mais alors, quelle est la réalité de cette souffrance hors de la spécificité paranoïaque ? Les patients qui en sont frappés sont les mélancoliques, les pessimistes, les annonciateurs des grandes catastrophes finales. Dans une chanson, Serge Gainsbourg parlait des « à-quoi-bonistes ». À quoi bon ? se demandent-ils. On se situe là dans un registre plus banal, plus répandu de la souffrance d'exister.

Il y a des moments, en effet, où la vie ne va plus de soi… Parfois, le sujet trouve des raisons à son mal-être… Je ne crois plus à l'amour après une perte affective… Je viens d'être licencié… Ma famille m'a déçu… Parfois aussi, dans ce que j'observe, dans ce que j'écoute, le malaise est plus flou : j'en ai marre, à quoi ça sert… La vie devient lourde, la vie se distord dans la souffrance.

Un moment de désillusion, un moment subdépressif peut entraîner chez certains un rapport douloureux à l'existence, particulièrement chez les êtres jeunes. De manière générale, on constate que, la maturité venant, les déconvenues inévitables de la vie sont plus modulées, moins investies que dans la jeunesse et la passion.

Les sujets fragiles – disons sensibles, pour rester positif – sont plus vulnérables à l'intensité de la désillusion, à la force du désespoir. Ils sont plus passionnément tristes, plus passionnément mélancoliques.

Il y a des gens chez qui un moment de flottement, un moment de désinvestissement, un moment de vide peut réactualiser et réintensifier la mélancolie. La vie, on ne l'apprivoise pas facilement, chaque moment de souffrance, de désintérêt, d'échec peut secréter une teinte mélancolique.

L'à-quoi-bonisme cher à Gainsbourg peut se présenter comme une légère tonalité, un vécu subdépressif, mais il peut aussi se propager de manière plus profonde. Si dans la désillusion, le désinvestissement, l'échec, on conçoit la vie comme tragique, il va être difficile de se relever. On n'a plus d'envies, plus d'énergie, plus de croyance… On est effectivement dans un rapport dépressif à la vie, qui va se payer par le suicide ou la tentative de suicide.

En fait, l'implosif est désespéré, mais pour lui-même. Pour le dire en terme psy, il est névrotique. Il est tout entier dans une souffrance personnelle, il n'a pas la potentialité de projeter sa douleur sur les autres, il n'est pas tenté de penser que son malheur est causé par son prochain. Son vécu d'autodévalorisation le pousse à s'attaquer à lui-même et seulement à lui-même. L'implosif s'en veut de ne pas parvenir à apprivoiser la vie. Il pense que les autres y arrivent sans effort, et le monde semble lui échapper… Ce sentiment, il le paye d'une autodévalorisation tragique et douloureuse qui l'enfonce encore. Pour l'explosif, sa souffrance vient des autres ; pour l'implosif, il en est la seule cause. On pourrait le dire d'une manière provocatrice : l'implosif se tue et n'emmerde personne !

Parfois, étrangement, le passage à l'acte suicidaire permet de glisser vers l'adaptation. Après une tentative de suicide, le sujet se réveille médiqué et vaseux ; en tout cas, dans un état propre à couper l'angoisse. La vie lui paraît soudainement moins tragique…

– Je ne voulais pas vraiment mourir, je voulais seulement dormir, disent souvent les rescapés.

Ils voulaient dormir, et pourtant, ils ont frôlé la mort : le suicide par cachets est toujours une roulette russe ! Mais enfin, plongés dans ce sommeil artificiel et dangereux, ils ont momentanément supprimé la conscience, annihilé la sensation de la souffrance. Et parfois, ils puisent dans ces instants de répit la force de reprendre pied dans la vie.

LES HAUTS ET LES BAS DES HYPOMANES

Les adaptatifs, eux, posent un regard plus optimiste sur les souffrances de l'existence… À l'extrême de ces caractères heureux, voici les hypomanes : les hyperactifs à l'humeur exubérante. Pour eux, tout va toujours parfaitement bien. Rapport profondément positif à l'existence ou autopersuasion ? Cela dépend des cas.

Dans mon expérience, les personnalités adaptatives en permanence sont extrêmement rares. Prenons l'exemple d'un personnage énergétique comme Bernard Tapie. D'après ce que j'ai pu en lire, d'après ce que j'ai vu de lui à la télévision, il me semble représenter le type même du rebondissant, du battant : il prend un coup, on pense le voir couler, et déjà il remonte… Or, lui-même a révélé avoir caressé l'idée du suicide quand il se trouvait enfermé en prison.

Cependant, même si l'adaptatif connaît ses moments de blues, il chausse des lunettes qui lui permettent de voir toutes les possibilités de l'existence. Abandonné par une femme, l'implosif se dira que perdre son amour est tragique ; l'adaptatif y verra la chance de rencontrer un nouvel amour… Dis-moi comment tu formules ton sort, je te dirai comment tu vois la vie ! En observant les êtres humains en action, j'ai appris que le secret de l'adaptation consiste à trouver de petites vérités, qui permettent de surmonter les moments de découragement.

Il ne s'agit pas d'être éternellement béat et optimiste, mais de mieux encaisser, de mieux entrevoir les perspectives positives, même dans des situations difficiles.

Dans la majorité des cas, l'adaptatif connaît, lui aussi, des périodes d'abattement. Mais cette souffrance de la vie se révèle moins tragique chez lui parce qu'il mobilise positivement son rapport à l'existence d'une manière très personnelle et un peu mystérieuse.

Quand j'écoute les gens, quand je m'écoute moi-même, j'en viens à penser que ces fluctuations de l'âme humaine sont liées en grande partie à l'idée que l'on se fait des choses. Le tragique dépend d'une situation objective, bien sûr, mais aussi de la représentation du monde que l'on adopte.

Après être tombés dans un trou noir, certains se découragent et pensent que tout est fini. D'autres cherchent la sortie, se dirigent vers la lumière, au moins pour voir… On a souvent raillé la méthode Coué, ces principes de positivité vitale mis au point par un pharmacien de Nancy, Émile Coué. « Tous les jours et à tous points de vue, je vais de mieux en mieux », faisait répéter l'apothicaire à ses patients. Au premier degré, la méthode semble peut-être risible, mais s'il s'agit de prôner un investissement affectif des représentations psychiques, elle peut sans doute se révéler efficace. Parce que, dans le mental de nos vies, tout est toujours à rejouer.

Dans le champ de la psychanalyse, un patient travaillait les problèmes de perte affective… deuil à faire… jalousie œdipienne… Il pensait avoir maîtrisé la situation. Hélas, quelques années plus tard, sa femme l'a quitté. Il s'est déprimé et s'est étonné de se déprimer. Il croyait que le simple fait de comprendre lui permettrait de faire l'économie de la souffrance. Eh bien non.

La vie, c'est Sisyphe et son rocher !

Sisyphe hisse le rocher, le hisse encore, mais, du sommet, le rocher roule, redescend, et tout recommence. On travaille, on travaille, et tout est toujours à refaire. Pourtant, selon la lecture de ce mythe tentée par Albert Camus, il faut voir Sisyphe heureux... Le chemin seul est important, le travail de porter le rocher représente une œuvre en soi, peu importe s'il retombe.

Appliquons le mythe de Sisyphe à la vie affective : je fais monter le rocher, j'essaye de vivre une vie harmonieuse, mais elle m'échappe et je me déprime. Que m'a appris Sisyphe ? Que le chemin vaut plus que la réalisation. La perte, dès lors, peut être plus facilement acceptée, on accepte de recharger le rocher sur son dos et l'on se relance dans un nouvel investissement.

Personnellement, j'ai depuis longtemps brisé dans mon esprit la prétendue linéarité du bonheur. Je me suis dit qu'une vie faite d'une répétition de moments heureux pouvait être merveilleuse, sans doute aussi bien qu'une existence constituée d'une hypothétique béatitude permanente. Alors, évidemment, je n'ignore pas que certains espaces se révèlent et se révéleront moins enchantés, je sais que la souffrance et le découragement risquent d'être au rendez-vous... mais si le plaisir de vivre revient, tous les espoirs sont permis.

Un jeune collègue avait connu des moments très intenses dans ses premières séances de psychanalyse, il avait l'impression de vivre une aventure magnifique. Au bout d'un certain temps, il est venu me voir pour m'avouer que, désormais, il s'ennuyait dans son analyse, il en était même désespéré. Je lui ai expliqué que son abattement était normal, que son enthousiasme allait revenir… Il n'y croyait pas. Pourquoi ? Parce qu'il avait une vue de pérennité de l'intensité. Or, n'est-il pas dans l'ordre des choses qu'il y ait des décrochages, des moments forts et des moments faibles ?

LA CONFRONTATION DES OPPOSÉS : PESSIMISTE OU OPTIMISTE ?

Voici d'un côté les éprouvés de l'existence et de l'autre les hypomanes triomphants, les pessimistes et les optimistes à tout crin, pourrait-on dire plus simplement. N'ont-ils rien à partager ? Je pense que confronter les deux caractères pourrait ouvrir une voie vers le secret de vivre mieux.

Écouter un optimiste pour un pessimiste foncier, écouter un pessimiste pour un optimiste béat : deux manières de trouver une petite clé de l'évolution.

En effet, de ces destins croisés émergeront le pessimiste gai et l'optimiste lucide.

Je reste persuadé que les évolutions sont envisageables si les personnalités de tempéraments opposés acceptent de s'écouter. Il est peut-être difficile de métamorphoser radicalement sa personnalité : nous avons tous un tempérament bien trempé face à l'existence, un rapport profond de l'âme avec la vie. Conservons donc notre caractère, mais modulons-le, écoutons l'être-au-monde des autres, pour travailler et polir notre tempérament, pour le rendre plus plastique, plus fluide, plus créatif, plus apprivoisé. En un mot : plus adaptatif.

– DEUXIÈME PARTIE –

SE DÉGAGER DE LA SOUFFRANCE POUR APPRIVOISER LA VIE

– I –

L'ANGOISSE ET LA DÉPRESSION

Mettre des mots sur sa souffrance

Mal-être lié à l'amour, à la famille, au milieu professionnel, au corps, à la vie… Autant de manières de souffrir. Mais quelle que soit l'origine de la douleur existentielle, certains facteurs sont inamovibles et reviennent transversalement dans tous les modes de la tourmente psychique.

Ceux qui souffrent sont angoissés… mais ils ne sont pas toujours angoissés globalement et dans tous les aspects de leur personnalité. Si l'on demandait aux gens dans quel domaine de leur existence ils ont le plus souffert, on s'apercevrait évidemment que chacun nommerait un versant différent de sa vie. Nous ne sommes pas tous fragiles ou sensibles sur les mêmes points.

Nous sommes donc différents, et nous sommes pareils aussi. Car, en définitive, certains ressorts récurrents participent à notre éventuel malaise de vivre…

L'EFFROYABLE DOULEUR DE LA SOLITUDE

On souffre davantage quand on est seul dans sa tête, replié sur soi. Souffrance secrète vécue dans l'introversion, souffrance cachée qui ronge l'esprit. Peut-être le solitaire souhaite-t-il en parler, mais il n'y arrive pas : il est enfermé dans sa souffrance. En fait, l'intensité de la souffrance est proportionnelle à la profondeur de la solitude. Ceux qui souffrent le plus sont ceux qui n'en parlent à personne, pas même à eux-mêmes. En effet, la solitude s'accompagne d'un silence écrasant sur sa propre souffrance.

La solitude impose à l'esprit l'idée folle que personne ne souffre autant. La partie rationnelle de soi-même n'est pas dupe, elle sait bien que d'autres gens, ailleurs, sont également emmurés dans leur souffrance. Mais le solitaire n'écoute pas cette réalité, il continue de subir son tourment comme le plus épouvantable jamais vécu. La souffrance se complexifie donc par cette assurance arrogante de la solitude de la souffrance à l'intérieur même de la solitude du souffrant... Le sujet est seul au milieu d'une mer démontée.

Le vilain petit canard du conte d'Andersen n'était pas malheureux parce qu'il se croyait laid, mais parce que, né cygne dans une famille de canards, il était seul !

On souffre toujours moins quand on rencontre un autre soi-même. Pour aller mieux, il est bon de provoquer la chance de trouver quelqu'un qui a suivi le même chemin, mais qui est différent de soi, et qui vient donc enrichir son propre vécu. Sans le savoir tout d'abord, volontairement par la suite, l'être souffrant est en recherche d'un frère en douleur. On a toujours besoin d'écouter sa souffrance vécue par un autre, pour ouvrir une petite fenêtre et sortir de cette sensation atroce d'être le seul vilain petit canard.

Mais tout le monde n'arrive pas à braver cette confrontation apaisante. En effet, les gens qui souffrent le plus ont un imaginaire mégalomane. Penser être seul au monde à souffrir, quel orgueil !

L'expérience m'a appris que les êtres chez qui perdure le plus longtemps cette sensation de solitude cachent une fatuité démesurée, même s'ils se vivent très dévalorisés.

Oui, il existe un orgueil masqué chez les personnalités névrotiques, les perdants, les malheureux... On s'attendrait pourtant à trouver de l'égocentrisme seulement chez les explosifs. Mystère paradoxal : les implosifs, les éternels traumatisés de la vie, les durablement souffrants, ont souvent un égocentrisme embusqué derrière l'échec et l'autodévalorisation.

Je demande souvent à mes patients s'ils souhaiteraient rencontrer un autre patient ayant vécu la même souffrance qu'eux... Quand la réponse est négative, je décèle chez eux un égocentrisme autodestructeur. N'avoir aucune curiosité de l'autre, rester indifférent à la manière dont il a peut-être maîtrisé ses difficultés n'est jamais de bon pronostic. Ce manque d'intérêt porté à l'autre traduit une forme de plaisir de se sentir seul au monde. Le sujet ne le sait pas, mais il dit sans le dire : « Je suis seul, je souhaite rester seul. » De façon rationnelle, on a tendance à imaginer que le souffrant va saisir toutes les mains capables de l'extirper de sa douleur. Eh bien non ! Parfois il refuse cette main qu'on lui tend, il ne manifeste pas le désir de se dégager de sa prison.

Aime-t-il sa prison ? La réponse est complexe et nuancée. Face à quelqu'un qui semble s'enfoncer dans sa douleur, les bonnes âmes ricanent : « Il veut rester dans sa merde ! » Cette manière un peu abrupte d'analyser l'âme humaine témoigne de la tendance de certains à rester dans les sables mouvants de la souffrance, comme s'ils préféraient gratter éternellement leur plaie. On est aux confins du mystère du psychisme, aux limites de ce que Sigmund Freud a théorisé comme une sorte de mécanisme masochiste.

Certains peuvent donc se complaire dans leur souffrance… Comment le comprendre ? De prime abord, la douleur ne semble pouvoir être que négative ! Pas toujours. Momentanément, pour le psychisme, il semble plus dur de s'en sortir que de continuer à souffrir. Par une sorte de romantisme du négatif, la souffrance représente alors une façon de se sentir exister et une forme d'identité. Il existe donc une facilité, une attraction du négatif. Souffrir, c'est encore vivre… La souffrance est un vibrato qui transforme une vie en destin !

L'ANGOISSE ENVAHISSANTE

Mais un autre élément peut retenir dans la souffrance celui qui souffre : la souffrance est envahissante, comme une vague qui submerge, elle empêche de penser. Souffrir, c'est être débordé par l'émotion, c'est ne pas parvenir à se comprendre. Momentanément, le sujet ne peut pas mettre des mots sur ce qu'il vit. Et dans cet inconnu, l'angoisse se développe. Les gens qui atteignent ce paroxysme ne sont pas seulement isolés dans leur douleur, de surcroît ils n'ont pas de pensée sur cette douleur. Ils souffrent, c'est tout. La souffrance jaillit en eux comme un sentiment, une sensation, une violence nue, une manière d'exister, et en définitive elle échappe à leur entendement.

Quand, dans l'angoisse envahissante que nous venons de décrire, on continue à sentir des vibrations, de l'affect, des émotions, mais qu'en creux se dessine une pensée sur la souffrance, le sujet a déjà trouvé une fenêtre pour se dégager de son angoisse.

L'angoisse, on ne l'apprivoise progressivement qu'en mettant des mots dessus. La souffrance, on ne la dompte graduellement qu'en décrivant toutes les émotions qui la composent.

Ce travail doit être entrepris par étapes, par marches, comme on monte un escalier. Je propose souvent aux gens qui viennent me voir :

– Plutôt que de tenter de m'expliquer la vague qui vous submerge, essayez de me décrire des petits morceaux de cette vague…

Pour que la vague diminue et finalement s'apaise, il est nécessaire de décrire chaque mouvement, chaque goutte, chaque écume de cette vague. Le premier chemin de dégagement pour celui qui souffre est de dire attentivement *comment* il souffre et non *pourquoi*. En se lançant immédiatement dans le « pourquoi », il est sûr de se perdre, de se noyer dans l'inintelligible de la douleur.

Et puis vient le temps du « pourquoi »… De quoi est-ce que je souffre ? Qu'est-ce qui fait que je souffre ? Il s'agit de remettre en marche la partie intelligente de l'être humain, celle qui essaie de trouver des clés et cherche du sens.

Dans cette machine à penser, on a besoin de réfléchir sur les multiples manières dont on souffre. Ce n'est pas la quête d'un seul sens mais des multiples sens de la souffrance, des nombreuses manières de formuler les choses. Curieusement, ce qui détend parfois et ouvre des pistes est un étonnement devant un sens formulé de manière nouvelle : la créativité des lectures multiples d'un phénomène donne des clés. Une vision uniforme semble bien souvent insuffisante pour venir à bout de sa souffrance.

Un des meilleurs enseignements de la psychanalyse est de nous apprendre que l'on ne souffre pas seulement de l'événement, mais aussi de ce qu'on en pense, de ce qu'on en ressent. Cette approche a été très importante dans ma compréhension des phénomènes affectifs. Je l'ai dit, une de mes premières analysantes, abandonnée par son mari, avait l'angoisse de n'être plus jamais amoureuse… C'était son malaise existentiel. Elle craignait de ne plus connaître ce philtre magique, énigmatique, exaltant de la passion. Son mal-être d'avoir été quittée s'accentuait donc de cette angoisse existentielle qui déformait et sa douleur et la réalité. Elle souffrait peut-être davantage de la représentation de sa souffrance que de la souffrance liée à l'abandon marital.

La pensée positive constitue un souffle puissant de la psychologie moderne. Elle ne consiste pas à prétendre qu'il fait beau quand il y a des nuages, mais à refuser de vivre un temps maussade comme un orage d'apocalypse… et à se dire que, derrière les nuages, il y a souvent du soleil. Une réflexion douloureuse posée sur un événement traumatique représente une charge négative supplémentaire. Le sujet peut ainsi ajouter à l'autodestruction des effets cumulatifs qui font bouillir la souffrance comme dans une Cocotte-Minute.

Observer la manière dont nous réagissons aux événements reste primordial car, au-delà de l'analyse de l'intensité de la souffrance, nous découvrons comment nous pouvons enrichir la palette de nos réactions potentielles : plus on est capable de vivre dans sa tête, dans son imaginaire, des choses différentes, plus on a de moyens de moduler sa souffrance. Jouer avec sa souffrance, relativiser sa souffrance, mieux encaisser sa souffrance permet de s'adapter.

En fait, je crois qu'il y a toujours dans la souffrance ponctuelle une souffrance de vivre plus générale. On le constate dans l'art, qui dramatise nos états d'âme. Des poètes, des romanciers nous offrent une image de cette vie qui souffre, il y a quelque chose de mélancoliforme dans leur rapport à l'existence.

Dans ce rapport à l'existence, il y a un côté tragique quand rien ne va plus de soi, quand on souffre tellement qu'on pense à se suicider ou qu'on veut tout détruire avant de tirer sa révérence, et puis il a un niveau moins intense, plus banal, qui surgit dans la vie quotidienne et où ce rapport à l'existence va colorer notre vécu. Celui-là – quels que soient ses ennuis – sera content de sa journée, heureux de se réveiller, satisfait de boire son café, ravi de rencontrer ses collègues, alors que cet autre se dira que le café est brûlant, qu'il n'a pas eu le temps de le boire, qu'il est obligé de prendre le métro, qu'il va retrouver au travail des figures revêches qui vont l'ennuyer et qu'il a une tâche énorme à abattre avant de rentrer chez lui le soir ! Certes, il existe peut-être des éléments objectifs expliquant la différence de comportement entre ces deux personnes : le premier a probablement une qualité de vie supérieure au second. Mais il est intéressant de voir comment, à travers le rapport à l'existence, on découvre quelque chose de plus large que l'on va retrouver dans l'analyse de la souffrance et dans la manière de s'en dégager : l'être humain souffre sans doute d'une réalité, mais aussi d'une subjectivité, de l'idée qu'il se fait de la vie.

J'utiliserai ici une image du philosophe Alain. Il disait en substance que si l'on observe deux baigneurs dans une mer démontée, la même vague porte au rivage celui qui essaye de profiter de son déferlement et noie celui qui, pris d'angoisse, se débat maladroitement. La même vague peut en sauver un et tuer l'autre ! C'est la manière dont on joue des événements et la façon dont on se les imagine qui compliquent ou facilitent les situations de la vie. Donc, si l'on souffre de la réalité, on souffre aussi en fonction de l'idée qu'on s'en fait et de l'énergie qu'on puise ou non en soi pour aménager les événements au lieu de les subir.

L'ENLISEMENT DANS LA SOUFFRANCE

Nous venons d'énumérer trois pistes de dégagement communes à toutes les souffrances : parler, ressentir, s'ouvrir. Pourquoi certaines personnes s'enlisent-elles sur ces chemins ? Là encore, j'ouvrirai trois voies…

L'intellectualisation

Décrire l'émotion n'est jamais chose aisée. La première difficulté réside dans la défense par intellectualisation. Alors qu'il faut ressentir et décrire, le sujet se met à théoriser, il veut aller trop vite et en arrive à de mauvaises interprétations. Je me souviens de ce patient qui, pour me parler de sa souffrance dans la vie amoureuse, me lançait ses spéculations sur la problématique œdipienne ! Il se montrait très content de ses découvertes… mais souffrait toujours autant. Il voulait passer sans transition de la souffrance à une pseudo-explication.

Penser trop vite les émotions avec son cerveau, sans prendre le temps d'écouter son cœur, ne peut mener qu'à une impasse. Les émotions, c'est comme un petit ruisseau… Le corps, plongé dans l'eau claire, perçoit d'abord une sensation globale, et puis il faut essayer de décrire chaque gouttelette, celle qui passe sur l'épaule, celle qui file le long de la jambe, celle qui s'insinue entre les orteils.

L'émotion pure

Autre catégorie de souffrants prêts à s'enliser, ceux qui ne sont qu'émotions et vibrations. Ces patients ne réfléchissent plus, ne théorisent pas, ne cherchent pas de sens à leur douleur, et ne se montrent guère curieux de connaître les raisons de leur mal-être. Ils sont tout entiers dans les cris et les pleurs. Leur trop grande sensibilité au vibrato émotionnel ne leur permet pas d'enclencher un processus de pensée.

La confusion

Enfin, les sujets qui déterminent mal leur souffrance risquent fort de ne pas trouver le chemin de l'apaisement…

– Je n'accepte pas mon corps, je suis trop gros, donc personne ne peut m'aimer, me souffle ce patient.

Il croit souffrir de son corps, mais souffre en réalité des lectures qu'il fait de sa souffrance. Son tourment vient-il de son corps ou de l'amour qui tarde à lui sourire ?

En fait, nous sommes tous des autothéoriciens de notre existence, quel que soit notre niveau intellectuel. Nous avons tous des idées sur ce que la vie signifie, parfois sans le savoir, comme monsieur Jourdain faisait de la prose. Mais s'aperçoit-on que cette autothéorisation peut se révéler bénéfique ou maléfique, piquetée de développements constructifs ou infiltrée de pensées destructrices ?

L'INTUITION DES ADAPTATIFS

On rencontre régulièrement un vécu dépressif dans la souffrance. Dans le mal-être, l'angoisse s'accumule et produit de la dépression… Or, il y a deux manières de se déprimer, on l'a vu : l'une mènera plutôt à l'implosion, l'autre à l'explosion. Mais, dans certains cas, l'être souffrant n'explose ni n'implose. C'est l'adaptatif. Pourquoi ce sujet ne dérive-t-il pas ? Pourquoi ne tombe-t-il pas dans la dépression et n'est-il pas tenté par l'explosion ?

C'est que le sujet adaptatif a peut-être un manque de confiance en lui, mais pas dans tous les domaines. Il constate que la vie lui a apporté certaines choses, il a obtenu ce qu'on appelle des moments de restauration narcissique. Il a peut-être un patron qui le harcèle mais sa femme l'aime, ses enfants grandissent correctement… Il a des interprétations parfois persécutives, mais il y réfléchit et tente de temporiser ses sensations excessives.

L'être adaptatif est souvent seul quand il souffre, lui aussi, mais chez lui la souffrance n'est pas une vague submergeante qui l'emporte, tout juste une vaguelette qui le frôle. L'adaptatif, quelle que soit sa douleur psychique, est moins emmuré en lui-même, moins égocentré, plus humble. Il demande de l'aide, se montre curieux de l'autre, essaie de s'ouvrir par la parole. Il sait qu'il existe des solutions, même s'il ne les a pas encore trouvées. Il a compris aussi qu'il faut mettre des mots sur sa souffrance, et il a constaté que plus on pense sa souffrance moins on souffre. La souffrance existe donc chez lui, mais elle est moins envahissante. Pour approfondir les chemins qu'il entrevoit, pour se distancier de la souffrance et la comprendre, il faut de la force, du courage, de la détermination, de la constance.

L'adaptatif a naturellement l'intuition *a minima* des pistes de dégagement que l'on va développer plus loin : curiosité de l'autre, capacité d'humilité, aptitude à exprimer ses émotions, volonté de mettre un sens sur sa souffrance…

– II –

PARLER ET SORTIR DE SOI-MÊME

La libération par les autres

Nous avons vu quels sont les chemins qui mènent à la douleur d'exister, nous avons scruté les voies qui conduisent un esprit humain à connaître les dévoiements du malheur. Une question découle de ces portraits torturés : comment se dégager de la souffrance ?

Une première indication nous est offerte par le silence… Celui qui souffre reste en lui-même, souffre en lui-même. Je l'ai dit, en parler est un salut, mais il est si difficile d'en parler ! Pour s'extraire de ce mal de vivre, il faut donc tenter de sortir de soi-même, essayer de se décentrer.

Deux axes complémentaires se tissent dans cet effort : extérioriser sa souffrance, l'exprimer à haute voix, la dire, puis enfin se montrer attentif aux autres, à ceux qui souffrent de la même manière, pour apprendre d'eux. Ce double mouvement vers les autres – par sa propre histoire et par celle des tiers – représente la plus sûre voie de dégagement.

Parler : mode d'emploi

Il existe évidemment une manière « professionnelle » d'entrer dans le processus de l'apaisement : parler à un thérapeute. Mais on peut aussi parler à un ami ou à un collègue. En étant à peine provocateur, on pourrait se demander si, dans le monde moderne, on a encore besoin d'une oreille… On pourrait peut-être s'enregistrer, se filmer et se repasser la vidéo en boucle ! L'expérience m'a démontré que le seul fait d'exprimer à haute voix sa souffrance représente toujours une première distanciation.

Mais bien sûr, on ne peut négliger l'aspect fécond du partage de la parole, de l'échange avec un autre être humain. J'ai eu l'occasion de connaître des patients qui étaient en thérapie avec une sorte de guérisseur qui se prétendait thérapeute et ne l'était pas, un gourou fantasmatique, un escroc de la thérapie. Au moment où les clients piégés ont appris que leur soignant n'était pas du tout ce qu'il prétendait être, ils se sont trouvés d'abord dépités, scandalisés, affligés. Et puis, finalement, certains d'entre eux ont admis que les séances avec le charlatan leur avaient fait beaucoup de bien ! Cet homme disait très peu de chose, mais le seul fait pour le souffrant d'avoir pu exprimer sa douleur à haute voix s'est révélé bénéfique. Peu importe à qui l'on parle, pourvu que l'on parle…

S'adresser à un psy

Bien sûr, on peut se confier à un psy. Il existe, pour le professionnel, plusieurs manières d'écouter un patient, mais arrêtons-nous sur la thérapie de sensibilité psychanalytique. Généralement, le patient vient consulter parce qu'il ne va pas bien, il est anxieux, perplexe, il souffre d'exister… On lui demande de dire tout ce qui lui passe par la tête, c'est la méthode des associations libres. Il y a effectivement une vertu pour l'être humain à s'exprimer sans tabou, à parler comme la pensée et les mots surgissent, apparemment sans hiérarchie, sans balise, sans signification même.

Dire tout ce qui traverse l'esprit paraît un exercice simple. Il ne l'est pas. Assez rapidement, on s'aperçoit que s'exerce dans le discours une forme d'autocensure. Le patient peut être choqué par sa propre voix énonçant des pensées intimes.

– Ça me fait drôle de dire ça à haute voix, m'ont avoué certains analysants.

Cette souffrance vécue au fond de soi paraît curieuse quand elle est verbalisée : étrange sensation d'entendre sa propre parole parler de sa souffrance, même dans un cadre thérapeutique.

On trouve dans le processus analytique une très saine position : en disant la souffrance à haute voix, on l'extériorise et, sans s'en apercevoir, on la distancie. L'angoisse verbalisée se révèle moins intense. Mais cela suppose une forme de sincérité envers soi-même, un travail de vérité et… une totale confiance !

À en croire beaucoup de gens que j'ai écoutés, ils savent

pertinemment qu'ils ne risquent rien, n'ignorent pas que le secret médical les protège, ils ont conscience que les mots prononcés resteront dans la relation duelle du thérapeute et du patient, que les sentiments confiés ne sortiront jamais du cadre strict d'un espace professionnel destiné à recueillir la parole. Mais en même temps, une petite voix au fond d'eux-mêmes s'interroge et s'inquiète : « Que va-t-il en penser ? Que va-t-il en faire ? »

Que craint l'analysant ? Il a peur que l'autre ne comprenne pas, qu'il se trouve impuissant à aider, même si c'est un professionnel. Il a peur aussi, confusément, d'avoir à regretter ses confidences, comme cela arrive hors des cabinets médicaux, quand on s'est livré à un ami, à un parent, et que l'autre a mal compris ou s'est servi de ces confidences pour avoir barre sur vous. Ainsi donc, même dans l'espace thérapeutique, il y a de la difficulté à dire, il y a le doute de la compréhension bienveillante de son interlocuteur, fût-il un professionnel.

Dans ce dégagement de la souffrance par la parole, il faudrait idéalement s'abandonner à l'écoutant, décrire ce dont on souffre sans se préoccuper de comprendre, sans se soucier de la pensée de l'autre. Liberté de parole et parole de vérité.

– Décrivez simplement ce que vous pensez, ce que vous ressentez, n'essayez pas de théoriser, n'essayez pas de comprendre trop vite, dis-je souvent à ceux qui viennent me voir.

Alors, dans ce travail de mise en mots, on va rencontrer une difficulté à trouver les termes justes car la pensée peut être trop cérébrale, trop intellectualisée.

Plus le patient trouvera le juste ton, la tranquillité d'expression, le mot simple, plus il sera proche du dégagement.

Mais dire, c'est décrire, et bien souvent la souffrance est un magma informe. Le patient en éprouve le résultat, il ne va pas bien, il souffre en lui-même, ça le brûle… Autant de mots assez flous. Si je lui demande comment ça le brûle, il n'arrive pas à décrire ou à nommer les émotions, il a une difficulté à ciseler les contours de sa souffrance. C'est comme s'il était la proie d'un volcan en furie, dont la lave se déverserait et le brûlerait sans qu'il puisse en nommer les différents composants : les gaz, le feu, les cendres, les pierres…

En fait, une des qualités que les patients trouvent généralement à leur thérapeute est celle d'accoucheur. Dans un premier temps, l'art du psy n'est pas d'avoir des explications magnifiques, de donner des conseils rassurants ou d'interpréter brillamment le discours entendu, c'est la capacité à aider l'autre par des « interventions maïeutiques ». Il s'agit de poser des questions tellement simples qu'elles aident finalement le patient à s'exprimer, à sortir ce qui est en lui. Il existe donc un art dans l'accompagnement du propos par des phrases qui ne sont pas vraiment des questions, qui ne sont pas des explications, qui sont seulement des manières de mettre au jour la parole vraie, la parole nue, la parole de vérité. Sortir de sa souffrance c'est apprendre à la dire, à la parler, à la décrire de façon très simple.

– Comment pourriez-vous l'exprimer autrement ? Pouvez-vous le dire de façon plus précise ? Si vous ne choisissiez pas cette formulation, quelle autre formulation choisiriez-vous ? Pouvez-vous le répéter de façon plus détaillée et plus circonstanciée ?

Il y a une difficulté supplémentaire pour ceux qui sont pleinement dans l'émotion. Ils éprouvent des sentiments, mais n'arrivent pas à s'en distancier, à s'en dégager, à s'en décaler.

Quand je parle de ma souffrance, une partie de moi, peut-être la partie qui parle, se met à distance et observe. Si je suis tout entier envahi par la vague, je vais être submergé par l'angoisse ou je vais me mettre à pleurer. Si la vague recouvre tout, seul le corps s'exprime et il n'y a pas la moindre esquisse de mise en mots. Ces patients vont se trouver en extraversion corporelle, il faudra donc attendre que la vague passe, que les sanglots se tarissent pour que le sujet retrouve un peu de distanciation. *A contrario*, on voit aussi des gens trop cérébraux pour parler simplement de leur souffrance, le thérapeute va donc les aider à décrire la souffrance nue.

Finalement, parler à haute voix de sa souffrance, c'est dégager deux parties de soi : celle qui souffre et celle qui en parle. Et celle qui en parle va trouver les clés. L'analyste est à la fois un catalyseur et un starter : grâce à lui, l'analysant peut agir.

Je me rappelle, à ce sujet, une annecdote du temps où je débutais mes études. Je me trouvais dans un train, plongé dans la découverte d'un ouvrage de psychanalyse. À côté de moi, un voyageur lisait également un livre de psychanalyse… Un dialogue s'est engagé tout naturellement entre nous.

– Ah, vous lisez un livre de psychanalyse, m'a-t-il dit.

– Vous aussi, répondis-je.

– Que faites-vous ?

– Je suis psychiatre en formation… Et vous ?

– Je suis professeur de philosophie. Vous êtes sans doute un homme de l'art, alors je vais vous poser une question qui me préoccupe. Je suis en psychanalyse depuis trois ans et tout ce que mon psychanalyste m'a dit pourrait tenir sur une feuille de vigne…

Que voulait dire cet homme ? Il exprimait une déception du peu de paroles prononcées par son analyste. Pour ma part, j'avais compris, ou cru comprendre, qu'une des idées de l'analyse relativement silencieuse était de frustrer l'analysant d'explications trop simples, d'interprétations trop rapides, de conseils trop vite dispensés. Tout cela pour que le sujet analyse d'abord sa propre frustration, étudie sa demande de solution à l'autre, et renonce à l'idée que d'autres que lui possèdent la clé pour finalement se démener encore davantage afin de trouver une auto-interprétation. J'ai expliqué tout cela à mon voisin de train. L'homme s'est montré extrêmement intéressé par mon discours…

– Oh là, c'est puissant, jamais je n'aurais pensé à une technique comme celle-là. Moi, j'attendais naïvement que mon analyste m'aide, interprète, et me donne des clés.

Je sentis naître en moi une autosatisfaction un peu stupide, content de me savoir analyste en herbe ! Le train continuait de rouler, et je m'échappais dans mes pensées… À l'époque, je n'éprouvais pas la souffrance du manque de mots de mon analyste, j'étais déjà quelqu'un d'assez bavard, d'assez expressif, j'avais plaisir à parler, je trouvais toujours quelque chose à dire et je ne m'ennuyais pas. Finalement, sa manière de ponctuer simplement les séances me suffisait amplement, et j'avais abandonné assez facilement l'idée de recueillir sa parole.

Le train roulait toujours et me vint une pensée qui m'étonna : « Mais au fond, moi non plus, il ne me dit pas grand-chose ! » Grâce à cet inconnu, j'avais découvert une partie de moi qui s'était tue jusqu'ici. Je me trouvais alors dans une situation affective un peu difficile avec une femme passionnelle, et je me demandais si je devais rester ou partir… Une partie de moi a pensé que mon analyste pourrait me donner la solution… Et mon analyste ne m'avait rien dit !

J'ai pu soudain analyser en moi, à travers les mots du voyageur, une souffrance venue du manque de paroles de mon thérapeute. Et d'un seul coup, cette situation a mis au jour quelque chose qui m'a semblé fondamental pour ma pratique : l'importance de l'intérêt porté à l'autre. C'est l'intérêt – fût-il muet – que l'analyste porte à l'analysant qui amène doucement celui-ci sur les chemins de la solution. Les clés sont au bout, il le sait, il peut aider l'analysant par ses interprétations, par ses questions, mais c'est l'analysant qui trouve la voie.

La vertu cathartique de la confidence

La seule planche de salut serait-elle la psychothérapie ? Non, heureusement. Quand j'étais jeune psychanalyste, quand j'étais dans ma période d'idéalisation de la psychanalyse, je ne comprenais pas comment on pouvait vivre sans elle. Je me demandais même comment les humains avaient pu évoluer pendant des siècles sans connaître les mystères de leur inconscient ! Et puis j'ai rencontré un homme que je trouvais bien équilibré, avec un imaginaire très clair, libre, déployant une bonne analyse de ses fantasmes.

– Avez-vous été analysé ? lui ai-je demandé.

Surprise et choc : il n'avait pas fait la moindre analyse ! Je n'y croyais pas, je ne comprenais pas. Et puis j'ai saisi que la psychanalyse n'était pas le seul chemin vers l'apaisement. La psychothérapie reste un lieu d'accélération dans la compréhension de soi-même, mais il y a d'autres voies de dégagement.

– Mon cousin m'a confié une histoire et cinq ans après je me suis rendu compte que j'étais dans la même situation, ça m'a beaucoup aidé, m'a expliqué récemment un patient.

On constate que, bien souvent, une simple démarche de confidence revêt une vertu cathartique, une propriété de soulagement. Bien sûr, les professionnels diraient qu'il vaut mieux trouver une oreille compétente, une oreille formée, une oreille distanciée. Je pense pourtant que beaucoup d'entre nous peuvent être cette oreille, même s'ils ne sont pas des thérapeutes professionnels.

Tous les êtres humains ne font pas une psychothérapie, ne font pas une analyse, mais beaucoup ont fait des confidences ou ont eu envie d'en faire. Dans un moment de souffrance intense, qui n'a pas eu envie et besoin d'être aidé ?

Souvent, je demande à des gens qui ont souffert pendant longtemps s'ils avaient pensé le dire…

– J'ai voulu en parler, me répond-on fréquemment, mais je ne l'ai pas fait.

Oser se confier

En parler à un ami est une démarche thérapeutique qui peut paraître un peu compliquée : à qui le dire dans l'entourage ? Qu'est-ce qui peut bloquer, freiner, inhiber la confidence ? Parfois, certains ont l'impression qu'ils ne se trouveront pas suffisamment en confiance avec la personne envisagée. Va-t-elle me croire ? Va-t-elle me juger ? Va-t-elle m'aider ? Va-t-elle me trahir ? Encore une fois surgit le risque de la parole.

Nous nous trouvons ici au cœur de la réalité quotidienne de l'être humain : quand il souffre, une partie de lui a envie de se confier, mais il n'y arrive pas toujours. Tout se passe comme s'il avait peur de prendre le risque.

Beaucoup de patients m'ont révélé :

– J'ai eu le sentiment que parler de ma souffrance me mettrait en infériorité face à l'autre.

Quelqu'un de rationnel pourrait s'étonner…

– Mais qu'il en parle, ça va lui faire du bien ! pourrait-il s'exclamer.

Seulement, dans la subjectivité de celui qui souffre, il y a une crainte, une fierté mal placée…

– J'ai eu peur de me mettre à nu, me répète-t-on.

Tout est dit. Comment confier à l'autre une souffrance en gardant au fond de soi la terreur qu'il se moque ? Parce que les autres, croit-on, s'en sortent tellement mieux… En présentant la partie de nous qui suinte, qui a mal, on croit se mettre en état d'infériorité. Avouer que l'on n'a pas maîtrisé la situation, c'est se montrer impuissant comme un petit enfant, et apparaissent les idées d'autodévalorisation. Bref, dire simplement sa souffrance est vécu parfois par l'âme humaine comme un signe de faiblesse.

Ceux qui écoutent : provoquer la confidence

J'ai appris des victimes que, pendant longtemps, elles ne peuvent pas parler de leur traumatisme, elles n'osent pas. Je leur demande donc régulièrement ce qui leur aurait permis de passer outre à cette réticence.

– Si quelqu'un avait deviné, j'aurais tout dit beaucoup plus tôt, me répond-on.

C'est un message que j'adresse aux proches de ceux qui souffrent : il n'est pas facile pour le souffrant de faire le premier pas, il lui est pénible de mettre en mots sa douleur. Quand j'étais jeune psychiatre, on m'a inculqué une culture qui s'est peu à peu distillée dans la société : le respect de l'autre nous inclinerait à attendre qu'il nous fasse des confidences, alors même qu'on a deviné et ressenti sa souffrance. On pense que considérer autrui, c'est attendre que vienne pour lui le temps d'exprimer sa douleur. Évidemment, cette attitude distante et déférente paraît logique et saine. Quel respect parfait de ne pas faire intrusion dans l'intimité de l'autre !

Beaucoup de professionnels, assistantes sociales et éducateurs notamment, ont été formés à attendre que les gens décident de se confier…

En ce qui me concerne, toute ma pratique a éprouvé les limites de ce prétendu respect. Cette attente tranquille se révèle peut-être pertinente avec des gens assez structurés, qui ne sont pas trop envahis par la souffrance, qui font preuve d'une certaine force du caractère et d'une certaine maturité, qui réclament eux-mêmes une thérapie et semblent capables de trouver une solution à leur mal-être. Avec ces personnalités, on peut certainement se payer le luxe d'attendre qu'elles parlent d'elles-mêmes, mais ma conviction est que, pour la majorité des gens, c'est le premier pas qui coûte, comme en amour.

Le premier pas, celui de choisir son confident, n'est pas évident et ne va pas de soi. Toutes les inhibitions décrites plus haut font que nombreux sont ceux qui ont pensé en parler, et y ont finalement renoncé. Voilà la vérité de la souffrance : ils ont cru trouver une piste, et le silence s'est refermé sur eux, l'inhibition a été la plus forte. Ce serait comme une porte de prison qui s'ouvrirait, le détenu pourrait sortir, mais il hésiterait, et la porte se refermerait sur un coup de vent… Alors le malheureux se retrouverait piégé dans la solitude, la souffrance, l'introversion, le repli sur soi.

Vous qui côtoyez une personne dont vous devinez la souffrance silencieuse, prenez le risque de lui tendre la perche, de l'interpeller, de la pousser à la confidence.

Plaçons-nous un instant dans l'inhibition du proche qui attend la confidence. Il se dit : « J'ai une intuition, mais elle peut ne pas être bonne, je peux tomber à côté, il peut mal le prendre, me trouver trop intrusif, m'en vouloir aussi d'avoir deviné… » Il y a une crainte à oser dire à l'autre que l'on a deviné, une réticence à s'offrir comme confident. Qui suis-je pour lui proposer mon oreille ? peut-on se demander. On préfère parfois renoncer, alors que l'autre a besoin d'une attention amie, même s'il ne le sait pas encore.

On retrouve ainsi une autre prise de risque dans le dégagement de la souffrance, une prise de risque située, cette fois, du côté de l'écoutant : il n'est pas facile de dire à l'autre que l'on a perçu sa souffrance…

Imaginons que je lance à une amie :

– Tiens, ça n'a pas l'air d'aller…

C'est une amie, elle me connaît, elle s'est peut-être déjà confiée à moi.

– Ça va… il y a des hauts et des bas…

À question banale, réponse banale.

Maintenant, si j'ai deviné sa douleur, je peux lui dire :

– Michel t'a encore trompée…

Et là, elle éclate brusquement en sanglots. En quelques mots, j'ai dégagé le geyser de la confidence.

Certains n'oseraient pas risquer une phrase aussi brutale… Ce serait pénétrer la vérité de l'autre, un peu comme un éléphant ferait irruption dans un magasin de porcelaine ! Et si je faisais erreur ? Et si elle ne le savait pas ?

J'ai volontairement choisi une entrée en matière relativement agressive, une manière bien *punchy* de pénétrer dans la vie de l'autre qui peut convenir à certains tempéraments.

Observons maintenant comment on peut faire sentir à l'autre ce qui a été deviné, mais en utilisant d'autres types de formulations susceptibles également de dégager la confidence…

Je pense que cette amie va mal parce qu'elle souffre d'une nouvelle infidélité de son Michel. Je peux lui dire :

– Tiens, tu parles moins souvent de Michel…

Et je regarde sa réaction mimique. Quelle que soit sa réponse, j'ai obtenu une information supplémentaire.

– Il t'a déçue ? Ce n'est plus comme dans les premiers temps…

Paroles ordinaires que l'on peut prononcer sur n'importe quel couple, mais je développe ainsi un échange vers mon devinement, j'incite à un élan par glissements, en utilisant à dessein des accroches insignifiantes. Ensuite, je peux pousser l'avantage…

– Il s'est passé quelque chose ? Il te rend malheureuse ?

Je n'ai pas évoqué précisément ce dont il peut être question. Peut-être rend-il sa femme malheureuse parce qu'il ne s'occupe pas d'elle, parce qu'il voyage trop, parce qu'il ne lui parle pas assez… Il faut manier des phrases un peu creuses, un peu floues, mais qui vont avoir une résonance. Et ces mots peuvent déclencher la confidence…

– Je crois qu'il m'a encore trompée, dira-t-elle peut-être.

Quand on a deviné le problème de l'autre, il y a une habileté à progresser dans ce que j'appelle « l'interpellation par glissements ». En effet, provoquer un climat de confidence, c'est aussi, pour l'entourage, prononcer des formulations qui permettent de laisser penser à l'autre que l'on a deviné, mais sans se montrer trop explicite.

Beaucoup de souffrants me disent, je le répète, que si un autre avait fait les trois quarts du chemin, ils lui auraient avoué le quart restant, ils se seraient confiés, ils auraient dit leur souffrance.

Et souvent, ceux qui n'ont pas osé provoquer la confidence le regrettent. Combien de fois ai-je entendu dans ma vie de professionnel et d'être humain des gens se demander, trop tard, s'ils n'étaient pas passés à côté de quelque chose ? Quand un souffrant se déprime et tente de se suicider, les amis et la famille expriment souvent un sentiment de culpabilité.

On m'a dit tant de fois :

– Je voulais lui en parler, mais je ne savais pas comment. J'avais peur de le blesser, peur de l'importuner, peur de le mettre mal à l'aise, peur d'apparaître comme un voyeur.

Il faut que celui qui souffre prenne le risque de parler, je l'ai dit, mais le confident potentiel doit également prendre un risque. On le voit parfois dans des films : le personnage est prêt à se confier, et puis le comportement de l'autre ou un téléphone qui sonne remet tout en question. Il était proche de la confidence, mais un détail est venu perturber le processus… Cette scène, j'ai essayé de la disséquer pour convaincre l'être souffrant de prendre un risque et persuader le confident d'accomplir une partie du chemin en affichant sa disponibilité d'écoute. Il faut qu'il y ait une force et une volonté dans celui qui a besoin de faire la confidence, mais on doit trouver aussi, parallèlement, une sensibilité et un savoir-faire chez l'accoucheur de cette confidence.

Les bienfaits de l'écoute anonyme

Je voudrais citer un autre élément, qui me vient de la victimologie. La violence conjugale mine, étouffe, et pendant longtemps la victime a peur d'en parler, tant et si bien que la réflexion du groupe de travail que j'ai dirigé a développé avec des associations un numéro anonyme, le 39 19, pour inciter les femmes battues – mais aussi quelques hommes – à se saisir de la parole. Dans le champ social, nous avons ainsi pris en compte la difficulté de se confier à un proche en mettant en place l'écoute anonyme. Pas de nom, pas de visage, seulement une oreille. La pertinence de cette écoute anonyme montre que le besoin de parler est particulièrement vivace dans la tête du souffrant.

D'ailleurs, certaines émissions de radio, notamment celles jadis de Macha Béranger sur France Inter, ont rempli ce rôle d'écoute anonyme. Il m'est arrivé d'entendre ces émissions nocturnes… Ce besoin, ce plaisir, cette envie, ce soulagement de certains auditeurs à parler n'expriment-ils pas la nécessité de dire sa souffrance et en même temps la difficulté de la livrer à un proche ?

Ces espaces, ces lieux nouveaux d'expression de nous-mêmes, de notre souffrance me semblent extrêmement intéressants symboliquement. Quel est ce puissant besoin de celui qui souffre de parler à un être humain, mais un être humain qui ne le connaît pas, ne le reconnaît pas, ne peut pas le dévisager ? Et je trouve qu'il y a une grande force, une grande pertinence dans ces espaces anonymes d'expression qui disent la peur de parler à un individu qui pourrait abuser de la parole, juger la parole. Le confident, c'est parfois l'anonyme, l'être humain potentiel.

SORTIR DE SOI-MÊME : LA THÉRAPIE PAR LES AUTRES

Si l'on demandait à ceux qui ont dit leur souffrance si ces paroles les ont soulagés, ils répondraient sans doute par l'affirmative. Mais une majorité d'entre eux ajouteraient :

– Ça m'a aidé, ça m'a soulagé, ça m'a fait du bien, mais j'ai encore souffert par la suite…

La souffrance a été extériorisée, exprimée, le sujet a ressenti un soulagement et ce n'est pas rien de souffrir moins et d'être moins anxieux, mais cela ne suffit pas. Il faut encore agir sur sa souffrance… Et là, il va être nécessaire d'entrer dans la compréhension de cette souffrance.

Cette compréhension, certains êtres humains y viennent tout naturellement, parce qu'ils ont une capacité d'auto-analyse, une facilité d'*insight*, c'est-à-dire une propension à « voir en eux-mêmes ». À partir du moment où ils ont extériorisé, utilisé un espace professionnel ou la confidence à un ami, ils vont pouvoir trouver en eux une intelligence de compréhension et une justesse de formulation, profitant peut-être des interprétations du psy ou des réflexions du confident. Mais la plupart des gens, pour mieux se comprendre eux-mêmes, ont besoin d'écouter les autres qui vont leur parler de semblables situations.

Le vecteur des groupes de parole

Le groupe de parole – par exemple, les Alcooliques Anonymes – est un vecteur vers cette indispensable écoute de ceux qui ont éprouvé la même souffrance. On va découvrir ici l'intérêt de sortir de soi et de s'intéresser à autrui. Comment l'autre vit-il la même situation que moi ? Cette approche me donnera sans doute une meilleure compréhension de moi-même.

Pour ma part, dans mon exercice professionnel, je sais que parfois l'espace individuel ne suffit pas, quelle que soit l'habileté du thérapeute. Je propose alors à la fois cet espace individuel, c'est-à-dire la thérapie duelle classique, mais aussi un groupe de parole où les patients peuvent rencontrer d'autres personnes, pour finalement apprendre d'elles.

Encore faut-il savoir qui doit participer à cette thérapie de groupe. Si j'amène quelqu'un de très timide, les autres patients peuvent s'identifier, mais si je leur présente une personnalité trop différente d'eux, la confrontation ne mènera à rien. Imaginons que je fasse entrer dans un groupe d'introvertis un hyperdynamique extraverti plein de projets, l'imaginaire de celui-ci va se révéler trop éloigné de l'inhibition des autres ! Il faut créer des identifications progressives et quand ils auront vraiment progressé, je pourrai leur présenter le tonitruant personnage.

Car il me semble important de confronter finalement

ces patients, une fois au moins, au psychisme très éloigné de leur propre psychisme, pour qu'ils engrangent inconsciemment des informations et des clés, pour que ce melting-pot travaille et fermente.

L'écoute d'autrui laisse toujours une trace. On retrouve cet élément dans l'éducation, dans les paroles d'un père qui ne trouvent pas tout de suite grâce aux oreilles de l'adolescent, mais résonnent plusieurs années après. L'expérience de l'autre peut être reçue avec un temps de latence. Et je pense aux soixante-huitards qui se sont révoltés contre la rigidité de leurs parents, mais éprouvent sur le tard la nécessité de revenir à des cadres rigoureux.

*
**

À ceux qui douteraient de la valeur thérapeutique de l'écoute de la souffrance des autres, je voudrais faire part d'une découverte que j'ai faite au début de ma pratique à la lecture d'Éric Fromm, un psychanalyste d'origine allemande qui a vécu aux États-Unis. Dans un de ses livres, il nous confie en substance : j'ai fait une première analyse pour être psychanalyste, et j'ai fait une analyse nettement plus intéressante avec mes analysants. En d'autres termes un peu provocateurs : ce sont ses analysants qui l'ont analysé !

Ses patients ne lui ont évidemment rien dit de précis sur sa propre souffrance, mais c'est en écoutant les souffrances existentielles chez les autres, puis en reconnaissant les siennes, que le psychanalyste allemand a su comprendre les mécanismes des diverses souffrances et entrevoir les nécessaires voies de dégagement. Il lui semblait que ce qu'il avait acquis de plus vrai dans la connaissance de lui-même pour apaiser l'anxiété, le rapport au monde, le rapport à la vie, c'était en étant une oreille, en écoutant ses patients, en s'identifiant à eux. Il était en situation thérapeutique de professionnel, mais en restant sensible quand une souffrance faisait écho à la sienne. Il lui semblait que, dans ce deuxième temps de son histoire personnelle, celui où il se trouvait en situation d'oreille, il était en souffrance par identification et y puisait une compréhension plus profonde de lui-même. Il avait ainsi travaillé, réfléchi, compris les souffrances qui étaient les siennes. Ce qu'il a dit et écrit m'a profondément inspiré dans ma pratique et dans ma réflexion sur la manière d'aider les gens.

C'est en étant aussi à l'écoute d'un autre moi-même que je me retrouve… Quand, en plus de travailler sur moi, je suis en travail de réflexion et d'écoute sur l'autre, je me connais mieux, car je mets en marche deux dynamiques, la mienne et la sienne, qui se transforment en grande force.

Écouter un autre être humain parler de sa souffrance représente une puissante voie de dégagement pour soi-même.

*
**

Qu'apporte le groupe de parole dans cette optique ? Observons les deux grands vecteurs de cette technique…

L'autre est un autre moi-même, je m'identifie à lui et je me décentre de moi-même. Je trouve des frères ou des sœurs en souffrance, et c'est un soulagement. Subjectivement, le psychisme vit comme s'il était seul au monde à souffrir à ce degré-là. Avec le groupe, je suis soulagé de voir que je ne suis pas seul au monde, d'autres sont comme moi, je m'identifie à eux, et en même temps ma souffrance me semble un peu moins lourde.

En plus, les autres ne disent pas tous la même chose que moi, les autres ont des manières de formuler la souffrance que moi-même je n'aurais pas imaginées.

J'ai utilisé la technique de groupe et j'ai constaté que l'autre apportait une reformulation et un éclairage parfois moins tragiques. Avec les autres, on va parfois développer la résilience que Boris Cyrulnik a mis au cœur du dégagement de la souffrance. Comment ça marche ?

Développer la résilience, la résistance au malheur, c'est être surpris par une formulation que je n'aurais pas imaginée. La créativité de l'autre enrichit la mienne, car il n'exprime pas les choses de la même manière. Je vais apprendre de ses manières à lui de se dégager de la souffrance, je vais apprendre de son aptitude à mieux décrire concrètement les émotions liées à la souffrance, je vais apprendre de sa façon de mettre en mots la souffrance. Rencontrer l'autre, c'est rencontrer la diversité, la pluri-lecture du phénomène. Plusieurs formulations, plusieurs façons de vivre la même chose nous rendent plus intelligents, plus riches, plus diversifiés et, partant, moins englués dans nos douleurs.

La solution, c'est de voir la situation sous un nouveau jour, d'accepter une lecture divergente. Se trouver à plusieurs individus qui souffrent de la même chose, c'est s'enrichir de tous les possibles. Voilà ce que j'appelle

« la polyphonie »… Au lieu d'être dépendant de sa propre créativité, de celle de l'analyste, du thérapeute, on s'enrichit de la compréhension des autres, de l'expression des autres, de la créativité des autres, de la manière de se dégager des autres.

Le miroir des livres

On a souvent besoin des autres pour se dégager de la souffrance, on a besoin de profiter des autres qui se sont déjà dégagés de leur souffrance. Et ces autres peuvent être multiformes : la curiosité de l'art, la lecture, l'identification à un personnage de film représentent des possibles différents. Quel est le mécanisme mis en marche dans ces cas-là ? Il est le même que dans le groupe de parole. Qu'est-ce qu'un lecteur qui lit un ouvrage de sciences humaines ? C'est quelqu'un qui pense que sur un thème qui l'intéresse, qui fait écho en lui, qui fait vibrer sa souffrance, l'auteur va lui apporter quelque chose, peut-être lui donner une clé. Bien sûr, la plupart des gens ne lisent pas des essais, mais ils lisent des romans et vont voir des films… qui peuvent les aider tout autant.

Pourquoi ce roman m'intéresse-t-il ? Pourquoi suis-je intimement concerné par telle histoire ? Pourquoi ce film m'a-t-il tant marqué ? C'est la force de l'identification. Quand on regarde un film, quand on lit un livre, chacun ne se reconnaît pas dans le même personnage. Dis-moi à qui tu t'identifies et je te dirai pourquoi cela fait écho en toi ! Par l'intermédiaire d'un personnage de fiction, on cherche à comprendre ce qui est en soi. Qu'espère-t-on finalement ? Que le romancier nous donne des pistes pour décoder notre propre souffrance.

La vie exemplaire des people

L'autre, c'est aussi le people ! La curiosité pour les people est mal vue et chacun s'en défend : on lit les magazines spécialisés chez le coiffeur, et encore du bout des yeux… Un journaliste a eu l'idée de planter sa caméra devant un kiosque à journaux et d'interviewer tous ceux qui achetaient un magazine people. Chacun répondait à sa façon… C'est pour ma mère, pour ma femme, pour ma fille, pour ma sœur… Ce n'était jamais pour lui-même ! Ce micro-trottoir m'a semblé intéressant en termes sociologiques : il exprimait la mauvaise conscience des indiscrets. Essayons d'avoir un regard plus nuancé sur l'attrait du public pour la vie privée des célébrités…

Culturellement, on ne parle du goût des autres que dans son aspect le plus clairement positif : s'intéresser à son prochain, rester à l'écoute… Quand on évoque l'antiracisme, par exemple, nous sommes dans le goût des autres idéalisé ! Mais je pense aussi que l'intérêt pour l'autre passe profondément par la curiosité de l'intimité de cet autre. Dans ce goût de l'intimité d'autrui, avec identification à l'autre, on peut effectivement trouver des côtés malsains, mais aussi des éléments positifs.

On l'a vu, il y a une pertinence de la curiosité de la vie psychique des autres, mais pas à n'importe quel prix, évidemment. Si la presse spécialisée ne nous présente que le roman-photo, on peut accepter la critique agressive. Il n'y a alors que la mise en scène des passions dans leur côté identificatoire, mais on ne trouve ni clés, ni élaboration, ni créativité de dégagement. Nous sommes en présence du donné à voir extatique : raconter des faits sans suggérer de solutions. C'est l'histoire factuelle, l'émotion pure. Pourtant, même ce procédé procure une détente : « Je ne suis pas seul, peut penser le lecteur, d'autres personnes souffrent autant que moi. »

Être curieux des autres nous culpabilise parfois… Suis-je intrusif ? N'est-ce pas du voyeurisme ? La culture nous dit que s'intéresser à la vie privée des autres est un peu malsain, et c'est en partie vrai. On s'intéresse à quoi chez les people ? À leurs ennuis, leurs drames, leurs malheurs, leurs histoires de tromperie, leurs amants secrets et leurs dérives spectaculaires. C'est vrai, on regarde par le trou de la serrure…

On s'intéresse donc à leurs tragédies, on a un peu envie de savoir qu'ils souffrent, eux aussi. Il y a là une curiosité qu'une bonne conscience pourrait considérer comme discutable : on s'intéresse à la souffrance des autres pour jouir de cette souffrance, comme une espèce de vengeance. Je serais donc curieux de la souffrance des people pour me dire qu'ils sont comme moi, ce sont des êtres humains, ils ne sont pas si exceptionnels que ça, ils ne sont pas des héros… Ce chanteur si beau est quitté par sa femme, cette actrice splendide est trompée par son mari, donc le commun des mortels que nous sommes pourrait y trouver un apaisement discutable, une vengeance au petit pied. Là, on serait dans l'envie, dans l'intrusivité et l'on aurait raison de culpabiliser.

Mais je veux proposer une lecture plus complète du phénomène, une autre facette en tout cas. À un autre niveau, n'y aurait-il pas quelque chose de créatif dans cette curiosité pour le héros ? Finalement pourquoi suis-je curieux ? Je suis curieux de ses malheurs, de sa souffrance, parce que ce people lointain est un autre moi-même. Il y a l'attraction pour cette personne qui a réussi quelque chose que j'envie ou que j'idéalise, mais je cherche à travers ses souffrances ce que lui, le personnage adulé, a fait de sa peine, comment il s'est sorti de cette situation, comment il a vécu son infortune.

Certains sociologues pensent que le public est friand de voir le héros tomber. Ce n'est pas ma thèse. *In fine*, pour moi, on ne peut trouver ses propres clés qu'à travers celles des autres. Et si l'autre est un héros, a souffert comme moi et s'en est sorti, pourquoi ne pas en faire autant ? On ne peut pas faire l'économie de la curiosité d'autrui. À force d'avoir écouté tant d'histoires, on trouve sa propre clé pour sortir de sa souffrance et se dégager de son mal-être.

Dans cette optique, l'intérêt pour les people ne doit pas être stigmatisé. On peut simplement rester attentif à certains aspects morbides, mais sans inhiber cette appétence. Au lieu de se défendre de son attirance pour la presse people, le lecteur ferait mieux de reconnaître ce penchant et d'accepter l'ambiguïté qui réside en lui. La psychologie de masse culpabilise volontiers la curiosité pour l'intimité d'autrui, elle devrait avoir le courage d'entrer dans le psychologiquement incorrect et reconnaître que cette fascination pour les vedettes peut être bénéfique.

L'identification avec un people peut être la même qu'avec un personnage de roman, car une star est toujours un personnage de roman. Lady Gaga, c'est Madame Bovary !

Je crois vraiment qu'une culture populaire peut apporter à chacun quelque chose de profond. Bien sûr, lire les grands textes, c'est mieux... Mais si l'on a peur de Flaubert, on peut se plonger dans *Voici* ou *Gala*, où l'on déniche aussi parfois quelques clés... Il est nécessaire de les chercher, car il est plus que rare de trouver des people qui vont expliciter leurs propres solutions. Mais la manière dont une star vit la souffrance amoureuse, la toxicomanie de son enfant ou sa propre dépression m'ouvre des portes. Il y a peut-être dans cet intérêt de la curiosité morbide, mais aussi une identification affective.

On a assisté au développement effarant des émissions où l'on fait de n'importe qui un héros. C'est le passage à la télé de quelqu'un qui se starise en devenant celui qui parle de lui. Même si le principe est discutable, même si l'on peut critiquer l'exhibitionnisme et l'intrusion du procédé, il y a néanmoins un élément qui peut être retenu : parler de soi en se donnant en spectacle, que l'on soit un people ou un anonyme, peut revêtir un côté positif et même pédagogique pour certains. En effet, l'interviewé révèle aux autres une souffrance en la transcendant, en s'en dégageant, et peut, par son témoignage, aider des téléspectateurs qui vont tenter de profiter de cette expérience dévoilée.

On a tous besoin de lire, d'écouter les autres, d'enregistrer l'intimité des autres, de s'identifier à des personnages. Plus je vois des gens comme moi et différents de moi, moins je suis figé. Ceux qui souffrent le plus ont une vision monochrome du monde. En créant de la diversité dans son imaginaire, on trouve parfois une voie de dégagement de sa souffrance.

– III –

LES SOLUTIONS EXISTENTIELLES

Psychothérapie, zen et religion

Tout au long de ces pages, nous avons esquissé quelques pistes destinées à indiquer les voies pour se dégager de la souffrance. Les chemins vers l'apaisement sont parfois divers, ils composent une sorte de kaléidoscope changeant qui attire chacun vers les formes et les couleurs qui lui paraissent les plus chatoyantes…

J'envisage trois directions susceptibles d'accompagner celui qui souffre, trois chemins vers l'apaisement de la douleur existentielle…

– Une technique laïque par la médication et la psychothérapie, manière occidentale de se dégager de la souffrance.

– Une sensibilité plus orientale exprimée par certaines lignes de force du bouddhisme zen, façon surprenante de voir le monde pour un esprit occidental, mais féconde et prometteuse d'une certaine sagesse.

– Une foi lucide et profonde, peut-être dégraissée de superstitions, sensibilité religieuse transcendante qui donne des clés pour apaiser la souffrance humaine.

Les voies occidentales : pharmacopée et psychothérapie

Quelles sont les places respectives du médicament et de la psychothérapie dans notre traitement du souffrant ? D'emblée, écartons les patients atteints de maladies mentales chroniques ou dépressives, dites uni- ou bipolaires, celles que l'on appelait autrefois maniaco-dépressives. En effet, dans ces cas-là, des troubles de l'horloge biologique imposent des médicaments thymorégulateurs qui suppléent de façon régulière à ces dysfonctionnements.

Plaçons-nous plutôt dans la réalité de toute personne qui peut subir des moments anxiodépressifs banals. Face à une angoisse mesurée, une insomnie passagère, c'est-à-dire quand la virulence du symptôme est relativement faible, il faut éviter le passage par la case médicaments.

Mais en cas de symptômes plus violents ?

– Puis-je m'en sortir sans médicaments ? interrogent souvent les angoissés de la vie.

Oui, on peut, mais ce n'est pas une constante. C'est vrai, il y a des gens qui, en dépit de périodes difficiles et agitées, ne prennent jamais le moindre cachet. Il est donc possible d'émerger de la douleur sans drogue aucune, mais cette faculté constitue plutôt une exception. Alors, quelle est la bonne manière d'utiliser la pharmacopée mise à notre disposition ?

Les médicaments : à manier avec précaution

Globalement, les médicaments doivent être prescrits pour passer un cap ou traiter un épisode aigu. Si le sujet ne dort quasiment plus, par exemple, son quotidien s'en trouve totalement désorganisé. Avant de songer à réinstaurer un équilibre de façon naturelle, la sagesse incite à avoir recours aux médicaments, afin de permettre au souffrant de retrouver un cycle de vie plus apaisé. De la même manière, si la personne est envahie par une angoisse submergeante, l'urgence impose de la calmer, de réduire son anxiété d'un palier, car son état présent ne lui permet plus de penser son destin. Or, pour apprivoiser la vie, il faut pouvoir continuer de penser...

Pour un sujet déprimé cliniquement, c'est-à-dire atteint d'une dépression médicalement constatée, la grisaille du rapport à l'existence, le manque d'énergie se révèlent tellement puissants que le goût de la vie s'en trouve désinvesti. Cette désespérance ne serait pas régulable par un seul travail de psychothérapie. Face à des symptômes particulièrement intenses, il semble donc pertinent, dans une logique rationnelle occidentale, d'utiliser provisoirement des médicaments : hypnotiques pour favoriser le sommeil, anxiolytiques pour l'anxiété, antidépresseurs pour la dépression.

Une fois le cap difficile franchi, mieux vaut recourir à des moyens de réflexion sur sa propre souffrance afin de trouver en soi-même des voies de dégagement.

Avant de s'habituer à prendre des médicaments à long terme, il faut se demander s'il n'est pas pertinent de lâcher ces drogues pour tenter de trouver les clés en soi.

Il n'est ni nécessaire ni souhaitable d'ingurgiter des médicaments de façon régulière. Il faut, au plus tôt, explorer des pistes capables d'alléger le dispositif médicamenteux, car si ces remèdes sont bien tolérés, ils ont toujours un minimum d'effets secondaires.

La psychothérapie ou la découverte de soi

Après la médication, la psychothérapie constitue l'autre grand vecteur occidental pour sortir de la douleur existentielle et traiter des troubles de la souffrance mentale.

Plusieurs techniques sont offertes à la sagacité et à la curiosité du thérapeute. La plus connue, la psychanalyse, travaille sur le contenu de la souffrance, sur le sens qu'elle peut cacher. Le patient est incité à essayer de comprendre pourquoi il souffre, il est poussé à travailler sur lui-même. Le psychanalyste laisse surgir les paroles du sujet, les laisse filtrer au tamis de la pensée, jusqu'à ce que les problèmes s'éclaircissent. Le patient parle, mais le silence supposé des psychanalystes n'est souvent qu'une légende… Pour beaucoup d'entre eux, une psychanalyse sans interprétation ne serait pas réellement une psychanalyse. Je l'ai dit, l'analyste peut aider l'analysant – par ses interprétations – à découvrir ce qui fonctionne mal, ce qui constitue le nœud de sa souffrance. Et à mon sens, il doit le faire.

Aux États-Unis et dans les autres pays anglo-saxons, des psychanalystes déçus de la psychanalyse se sont lancés dans le cognitivisme, technique plus interventionniste et plus méthodique que la psychanalyse. On amène le patient à voir en quoi l'idée qu'il se fait du monde et de sa propre douleur le fait souffrir. Il y a des convictions dans la manière d'être au monde qui sont seulement des croyances et non des réalités, il faut donc les relativiser. Le cognitivisme cherche à travailler de façon rationnelle la psyché humaine : pointer les idées fausses qui font souffrir pour ouvrir sur des perspectives plus riches, plus vraies. Par une reformulation intérieure, le patient se dégage des préjugés néfastes et des impressions funestes, pour parvenir à une pensée positive et réaliste.

L'homme qui souffre n'est-il pas un homme qui se trompe, qui est emporté par des illusions, des croyances auxquelles il adhère de façon absurde ? Le juste discernement sera de trouver une manière de relativiser ses convictions, ses préjugés, ses interprétations, ses intuitions.

Sous ses différentes formes, la psychothérapie cherche toujours à provoquer un travail en profondeur pour interpeller et circonscrire le subjectif, l'intuitif, l'interprétatif qui agitent l'esprit.

Sans la parole, on l'a vu, point de psychothérapie. C'est par le verbe, par le mot, que passe la prise de conscience. Il est infiniment plus difficile de se sortir de sa souffrance seul, reclus dans sa propre tête, qu'en se confrontant à son propre discours. Je l'ai dit, exprimer les choses à haute voix est toujours plus efficace que les conserver en macération intérieure. Il faut systématiquement externaliser sa souffrance.

Le combat contre la souffrance a besoin de s'appuyer sur du concret. Le concret, c'est quoi ? Ce sont les mots pour le dire, les mots pour déterminer sa propre souffrance, la traquer, la repérer. Les gens qui ne savent pas pourquoi ils souffrent sont ceux qui souffrent le plus.

Lorsque le psychothérapeute demande à son patient de dire tout ce qui lui vient à l'esprit, sans se censurer, cela équivaut à une tentative de sortie de la souffrance par le parler vrai, car la souffrance est souvent liée à une dimension que le sujet refuse de voir.

Mais parler vrai n'est pas si facile… Souvent, nous éprouvons de grandes difficultés à tout dire, cela équivaut à mettre au jour des aspects de soi qui ne nous plaisent pas, et que l'on désirerait tant oublier. L'image idéalisée que nous avons de nous-mêmes n'est pas la vérité, nous trimballons tous un paquet d'illusions sur notre propre compte.

Le Britannique Bertrand Russell prétendait que si la condition de la lucidité était la désespérance, il accepterait d'être lucide et désespéré. Bon, c'est le choix affiché d'un philosophe-mathématicien, mais la plupart des êtres humains expriment plus pragmatiquement le désir forcené d'éviter les souffrances apportées par la perte de leurs illusions sur eux-mêmes. Pourtant, apprivoiser la vie passe par une lucidité à la fois douce et amère. Douce, parce que vraie. Amère, parce qu'elle pique. Eh oui, se trouver soi-même, pour chasser sa propre vérité, passe par des moments sucrés, mais aussi par des instants plus âpres.

Souvent, l'imaginaire est source de souffrance. « L'imagination est la folle du logis », disait déjà Nicolas Malebranche au XVIIe siècle. La psychothérapie ambitionne de mettre à plat les idées dont on souffre, et qui sont parfois imaginaires… Répétons-le : on souffre autant de la représentation de l'événement que de l'événement lui-même.

La psychothérapie cherche à permettre au patient d'ouvrir des idées, des pensées, qui sont marginales en lui, qui n'ont pas franchement droit de cité ou ne s'expriment pas avec assez de force.

J'ai reçu en thérapie un homme qui souffrait davantage de l'idée qu'il se faisait d'avoir été quitté par sa compagne que de l'abandon lui-même. Il pensait : « Elle est partie parce que je ne vaux rien. » Cette auto-interprétation, focalisée sur son prétendu manque de valeur, le rendait profondément dépressif. Cet homme a cru tout d'abord qu'il était la seule cause de sa tragédie intime, et puis il en est arrivé à penser que la dame, au fond, était instable…

Il y a des idées qui font souffrir et qui ne sont que des idées. Il faut se montrer assez honnête avec soi-même pour les reconnaître et les étouffer.

Parler librement dégage une créativité qui rend le rapport à la vie plus varié et plus riche qu'on ne le pensait. Intellectuellement, nous avons tous beaucoup lu, beaucoup appris, beaucoup su, nous avons accumulé beaucoup d'idées, mais nous vivons et souffrons sur un minimum de croyances et de concepts. Parler sans frein laisse émerger des manières différentes de voir la vie.

Un parent imagine un avenir bien déterminé et fort valorisant pour son enfant. Hélas, la réalité se montre désenchantée, les projets familiaux s'effondrent... J'avais espéré qu'il deviendrait ingénieur, il a échoué à math sup, je suis déçu, déchiré, abattu... Une rigidité du psychisme nous pousse à rester obsédés par notre rêve. En effet, notre horizon mental est limité par nos croyances. Nous sommes si bien habitués à nos idées et à nos choix sécurisants que nous avons peur des autres options, ignorants que nous sommes de la richesse possible de la vie.

La psychothérapie est donc un rendez-vous avec soi-même, pour mieux percevoir les idées fausses, les préjugés, les croyances, les convictions inébranlables. Pour mieux comprendre que l'on souffre de certaines idées préconçues.

La psychothérapie permet au sujet de s'accepter lui-même avec ses limitations.

Car, parmi les folies de l'imaginaire, la mégalomanie trône en bonne place... Eh oui, nous devons tous renoncer aux rêves de gloire de notre adolescence. J'ai vu des gens souffrir de ne pas parvenir à abandonner une ambition caressée dans l'enfance, souffrir de ne pas parvenir à modifier ce fantasme et à l'adapter.

Tout être humain doit effectuer un travail profond de maîtrise de sa mégalomanie. Il faut le savoir, tout le monde est fou au niveau de son imaginaire, mais cette démence doit rester limitée à l'imaginaire.

Vous avez espéré devenir footballeur professionnel, mais vous n'en avez ni le talent ni le gabarit… Si vous vous aigrissez de ne pas réaliser cet idéal du moi, la souffrance est au bout. Si vous acceptez de n'être pas promis à ce destin, si vous vous contentez de jouer au foot pour votre plaisir, si vous recherchez en vous d'autres qualités, vous relancez la machine et pouvez partir à la conquête du monde… et de vous-même.

J'ai ainsi rencontré des gens qui, bloqués dans leur imaginaire, n'acceptaient pas de tenter leur chance dans la réalité. Celui-ci évitait un concours de l'Académie de musique, tel autre ne se rendait pas aux examens de l'université… On se souvient de Jean-Claude Romand, ce personnage étrange qui pendant dix-huit ans a fait croire à ses proches qu'il était un important médecin de l'Organisation mondiale de la santé… Il n'avait jamais été médecin parce qu'il n'avait jamais osé se présenter aux examens ! En 1993, quand ses mensonges ont commencé à transpirer, Romand a explosé dans une folie meurtrière, exterminant son épouse, ses deux enfants et ses parents.

Cas extrême, bien sûr, mais celui qui avance dans la vie en évitant de se confronter à ce que Jacques Prévert appelait « les terrifiants pépins de la réalité » s'accroche dangereusement à son idéal. Alors, un écartèlement entre rêve et réalité engendre angoisse et incomplétude.

Aujourd'hui, des émissions comme « La Star Academy » ou « La Nouvelle Star » sont très critiquées par le télévisuellement correct. Elles ont pourtant une vertu cardinale : ceux qui vont y montrer leur binette, ceux qui chantent comme des casseroles acceptent plus ou moins gaiement le jugement de la réalité. Celui qui se heurte au réel, même s'il échoue, même si le jury de « La Nouvelle Star » ridiculise sa manière de pousser la chansonnette, pourra sans aucun doute se relancer en réorientant sa vie et en évaluant ses vraies capacités.

Certains évitent la confrontation avec le réel et demeurent dans le malaise existentiel. Pourtant, toute expérience concrète relance la machine à vivre.

La réalité, parfois, se concrétise dans l'échec, mais la défaite est dans l'ordre des choses, notion que l'on retrouve aussi dans le zen. Beaucoup de gens qui se situent dans le champ névrotique imaginent que les autres, ceux qui sourient, ceux qui vont bien, ne rencontrent que des succès. Ils ont l'illusion que les heureux n'ont jamais connu la moindre défaite. Notons que certaines biographies complaisantes et diverses autobiographies satisfaites vont dans ce sens… Quelques vedettes se plaisent à ne présenter que le côté lumineux de leur vie, omettant soigneusement d'en raconter les revers. Il y a peut-être des surdoués de la vie à qui tout réussit, cependant mon expérience ne m'a jamais permis d'en rencontrer.

Les arcanes de la dimension systémique

Tout n'est pas dans le seul rapport d'un individu à lui-même et au monde, il faut également tenir compte de ce que ses proches vont lui dire ou lui taire. C'est ce qu'on appelle, dans notre jargon, la dimension systémique.

L'entourage du sujet souffrant peut-il participer à atténuer les difficultés existentielles ? Peut-on aider un patient en travaillant aussi avec ceux qui le côtoient ?

La thérapie ne peut pas toujours se satisfaire de représenter un travail singulier. Il faut parfois prendre en compte la manière dont le milieu – familial ou professionnel – agit sur celui qui souffre.

Dans les souffrances liées à la famille ou au travail, par exemple, il est impensable de se pencher sur la douleur d'un sujet sans tenir compte du cercle incriminé. Car le cercle, au sens large, détermine, engage, dispose…

Une jeune fille était persuadée de se faire harceler, de se faire pressurer, quel que soit le lieu où elle irait travailler. Conviction née de la manière d'être de son entourage, où chacun essayait d'abuser de l'autre. Elle a trouvé un emploi dans une entreprise qui ne fonctionnait pas sur ce modèle, et cette découverte a constitué pour elle une véritable ouverture sur un autre versant de la vie.

Dans la famille comme dans l'entreprise, on trouve des cultures d'ambiance. Aider les gens à mieux se porter psychiquement, c'est parfois aussi sonder cette culture d'ambiance, et donc affronter l'entourage. Dans ce souci, le thérapeute peut s'appliquer à rencontrer le père, la mère, la fratrie ou les collègues du souffrant…

Imaginons des parents qui assistent, impuissants, à la dépression de leur fils. Le jeune homme n'a ni travail ni compagne, la famille s'inquiète, évidemment. Parallèlement à l'espace psychothérapique réservé au garçon, il n'est pas inintéressant d'écouter la détresse des parents, d'estimer leur épuisement, de jauger leur éventuel manque de savoir-faire face à leur fils à la dérive. Pour le thérapeute, il se révèle souvent important d'accepter un face-à-face avec l'entourage, pour l'écouter, mais aussi pour lui donner des pistes.

Cette façon d'agir paraît banale et attendue en ce qui concerne les plus petits. En pédopsychiatrie, en effet, il semblerait tout à fait improbable de vouloir aider un jeune enfant sans voir ses parents. Mais, pour moi, cette vérité s'applique aussi à l'adolescence, et même à l'âge adulte. Parfois, le colloque singulier patient-thérapeute ne suffit pas.

J'accepte souvent d'être consultant pour aider des entourages qui ne comprennent pas la souffrance d'un proche et qui cherchent des solutions pour lui venir en aide. Quand on a le nez dans le guidon, quand on est trop attaché au souffrant, non seulement on ne comprend pas ce qui se passe, mais surtout on ne sait pas quoi faire.

Aider l'entourage du sujet souffrant à le comprendre et à lui porter secours est fondamental pour voir la vie reprendre ses droits.

Dans mon cabinet, j'ai entendu nombre de patients me confier des tranches de vie. Ces témoignages additionnés m'ont convaincu d'une réalité prégnante et répétitive : souvent une personne plongée dans le mal de vivre rencontre, par hasard ou délibérément, un tiers, ami ou psychothérapeute, dont une simple parole la remet en selle. Dans une logique ouverte sur la vie, chaque proche peut constituer le vecteur par lequel passe la relance pour apaiser le mal-être. On a toujours besoin des autres.

Ainsi chemine la psychothérapie, formant un champ expérimental où il est loisible de jouer avec son imaginaire et ses idées… Peu à peu, le patient devient plus lucide sur lui-même, il s'apprivoise, il accepte ses limites, il peut désormais se lancer à l'assaut du réel. Et tout ce bouillonnement confus se décante, les pensées qui se télescopaient de façon anarchique, provoquant le mal-être, passent dans le tamis où tout se trie, où les choses deviennent concrètes, réalistes, limitées. On passe de ses images grandioses à des notions plus réelles, plus lucides.

« Connais-toi toi-même », répétait Socrate. Cette formule est aujourd'hui au cœur de la psychothérapie. Car les gens croient se connaître, mais ne se connaissent pas. Dans l'espace de la psychothérapie, on apprend à prendre la mesure de soi.

LA SAGESSE DU ZEN

Mon père était un homme très dynamique. Il a été pour beaucoup dans mon imaginaire positif. Militaire et philosophe, il était à la fois optimiste et entreprenant. Dans son rapport à la vie, il exprimait l'idée que l'existence était une course : quand on s'arrêtait de courir, les autres continuaient et nous dépassaient… Moi, jeune garçon, j'étais un coureur, et sa fable de la course me fascinait par identification. J'avais évidemment le même rapport que lui au monde, j'étais un bon élève, j'avais des gratifications, mais le stress me gagnait dans les moments de doute : je savais que, si je me relâchais, les autres continueraient d'avancer… Je faisais de la course de fond à l'époque, et chaque fois que je m'arrêtais – brisé par un point de côté, par exemple –, je voyais avec effroi les autres me passer devant. Le temps qui file et qu'on ne rattrape guère est une vérité anxiogène. Moi, en tout cas, ce temps extrêmement tendu, à jamais irrattrapable, m'angoissait vraiment.

Or si, à chaque fois que je subis un échec, je crois perdre un temps précieux par rapport aux autres, si je m'imagine que je suis irrémédiablement devancé, je plonge dans une perception linéaire, mécanique et irrécupérable du temps. Si l'on compare le temps au sable qui fuit dans le sablier, si l'on se persuade que la mort nous attend au dernier grain, alors effectivement, le temps presse, le temps stresse !

Un autre rapport au temps

Pour moi, tout a changé plus tard… Par l'intermédiaire du psychanalyste Éric Fromm, j'ai rencontré le rapport au temps du bouddhisme zen. Dans cette pensée, le temps n'est pas linéaire, il ne s'écoule pas comme le sable du sablier…

Au début, la représentation zen du temps m'a laissé pantois, je ne l'ai pas comprise. Le temps, ici, n'est pas dans la linéarité, mais dans l'intensité…

Quand j'ai rencontré pour la première fois des concepts comme « l'intensité dans l'instant » ou « l'éternité dans le moment présent », j'étais incapable de penser émotionnellement ce que je découvrais. Et puis, au cours de ma psychanalyse, j'ai perçu très puissamment comment le fait de penser la réalité d'un moment de façon intense pouvait me faire entrevoir d'autres voies. J'ai eu cette révélation en vivant un *insight*, cette prise de conscience soudaine surgie de l'analyse. Ce moment de découverte m'a paru si fort, si fascinant, que j'en suis arrivé à penser que ce seul instant pouvait justifier ma vie. Moi qui, jusque-là, étais dans la course, sans jamais oser m'arrêter, j'éprouvais un sentiment nouveau : il ne s'agissait plus de réussite extérieure, mais de réalisation intérieure.

Alors, j'ai saisi ce que signifiait le temps selon le zen. Dans ce moment de lucidité, de joie, de lumière sur moi-même, j'ai pénétré l'éternité de l'instant. Ce moment était à moi, personne ne pouvait me l'enlever, je goûtais intérieurement un moment éternel, je savourais cette seconde où la conscience sortait de la linéarité pour se projeter vers l'ailleurs dans l'intensité et la profondeur.

J'ai ressenti ainsi ce qui constitue une lecture orientale du temps : le temps se suffit en lui-même. Et de cette vérité surgissait une nouvelle certitude : à la souffrance douloureuse répondait la conscience joyeuse.

Plus prosaïquement, on pourrait dire que le zen nous invite à savourer l'instant, en s'y consacrant totalement, quelle que soit l'activité en cours : contemplation d'un paysage, travail de création, écoute de l'autre et même épluchage des légumes. Cela n'a l'air de rien, mais cette concentration sur le moment présent est une grande source d'apaisement.

Dans mon histoire personnelle, cette perception a créé un bon contrepoids à la linéarité temporelle. Bien sûr, j'ai continué de créer des projets, d'agir pour les réaliser, parce que la vie et le monde n'attendent pas et que si l'on ne saisit pas une opportunité, la chance passe... Je crois toujours en ces vérités transmises par mon père, mais maintenant, j'ai un antidote. Et si parfois je cours encore à perdre haleine avec l'obsession de me faire devancer, je sais aussi m'arrêter et respirer.

Cet approfondissement du temps a été un des éléments forts qui ont façonné ma façon d'être psychanalyste : aux sciences occidentales j'ai ajouté des sensibilités venues d'Orient, et j'essaie d'en faire profiter mes patients.

Auparavant, j'avais une vision progressive de ma vie, étape par étape, avec un objectif censé justifier le chemin. L'Asie m'a appris que certains moments se suffisent à eux-mêmes. Il y a quelque chose de profond dans le fait d'avoir vécu les choses, de les avoir éprouvées. Qu'elles durent ou non, qu'on en fasse une construction extraordinaire ou pas, peu importe ! On peut imaginer une statue, une chanson, un roman... notre production va-t-elle devenir une œuvre ? On l'ignore, mais on sait que chaque moment de création est un but.

Si chaque instant se justifie en lui-même, si exister signifie ressentir, alors se développe en nous un rapport au monde profondément apaisant. Manière plus humble, plus simple, plus instantanée de voir la vie.

L'impermanence et la discontinuité

Selon le zen, rien n'est définitivement acquis. La vie est une suite de cycles. Cette conception nous fait entrevoir l'existence avec des moments forts et des plages plus sombres. Au lieu de penser que l'on construit une grande œuvre monolithique, en progrès permanent, on accepte des plages ensoleillées et des périodes moins riantes. Cette description de la pensée zen est certainement un peu schématique, et ne saurait s'exprimer en quelques phrases, mais je veux ici insister sur l'idée des cycles, qui peut aider chacun de nous.

Certains de mes patients continuellement pessimistes voient leur existence comme une pente savonneuse : ils luttent, mais glissent, ils essaient de se débattre, mais s'enfoncent toujours plus. Pour eux, la vie est le puits sans fond de la douleur, ils ne peuvent qu'aller plus mal jour après jour. En fait, ils souffrent parce qu'ils ont l'impression qu'ils souffriront de façon permanente...

Un homme amoureux avait été quitté par l'objet de

sa flamme. Il pleurait cet amour perdu, souffrait, n'était que douleur. Il alla voir un maître zen retiré dans une petite cabane.

– Maître, je souffre trop, je souffre en permanence, que pouvez-vous me conseiller ?

– Concentre-toi sur la pluie qui tombe sur le toit, lui répondit le maître.

L'amoureux abandonné crut d'abord à une plaisanterie, et puis il fit comme lui avait dit le maître. Il se concentra très fort sur le bruit régulier des gouttes qui tombaient sur le toit de la cabane. Toc, toc, toc... Il se concentra si bien que, soudain, il s'aperçut que, durant trois minutes, il n'avait pas pensé à sa bien-aimée enfuie...

– Tu vois bien que tu ne souffres pas tout le temps, commenta le maître zen dans un fin sourire.

Cette fable veut nous enseigner que si l'on souffre, on ne souffre pas tout le temps, et surtout on ne souffre pas autant que notre imaginaire tend à nous le faire croire.

Une vision différente de l'éternité

Comme tout bon Occidental, j'ai été élevé dans un certain tragique de la mort. J'ai été frappé par le nombre d'écrivains qui, au travers d'un personnage romanesque ou d'une autobiographie, manifestent dans un livre rédigé à l'âge mûr leurs regrets de ne pas avoir dit à leurs parents une parole positive de leur vivant... « C'est trop tard », songent-ils, laissant ainsi percer une nostalgie réelle. La pensée orientale m'a beaucoup aidé, là encore :

« L'autre est en moi éternellement », ai-je appris. Les proches aimés ont donc laissé une trace. Pensée un peu égocentrée, certes, mais qui montre la force de l'esprit.

Je n'ai pas témoigné ma reconnaissance à cette personne qui m'a tant aidé et elle a disparu dans le néant qui nous attend tous… Je ne peux pas faire le chemin en arrière, mais je sais qu'elle a mis en moi une force, une pensée, une résolution qui existent encore de longues années plus tard. Alors n'est-ce pas comme si cette personne était vivante en moi ? N'est-ce pas une manière de la remercier ? Évidemment, cette assurance ne guérit pas totalement de la souffrance réelle de n'avoir pas pu articuler les mots de gratitude à l'être concret, mais c'est une révérence de l'âme. Oui, des êtres laissent quelques traces en nous, des traces d'éternité.

La cohabitation des contraires

La pensée orientale m'a apporté d'autres éléments, qui m'ont aidé et qui ont aidé ceux que j'ai accompagnés. Pour moi, selon la perspective occidentale, tout était blanc ou noir, une porte était ouverte ou fermée. La pensée orientale m'a donné le « et ». Une chose *et* son contraire peuvent être vrais en même temps…

Un sage fait parler plusieurs personnes, qui expriment toutes des points de vue contradictoires. Le sage souscrit à chacune des affirmations. Dans notre société ce serait comme si l'un des interlocuteurs disait :

– Il est dangereux de parler des identités minoritaires, ces évocations exacerbent les différences et provoquent le racisme…

– Tu as raison, répondrait le sage.

– Il est fondamental de parler des identités minoritaires, dirait un autre personnage. Elles sont constitutives de notre collectivité, il serait périlleux de ne pas en tenir compte…

– Tu as raison, répondrait encore le sage.

L'observateur occidental estimerait que le sage approuve aveuglément ce qui est avancé, qu'il se contredit en admettant toutes les positions. Une pensée moins focalisée sur le rationnel saurait que, dans le monde humain, les choses ne sont pas des vérités de façon absolue, il peut y avoir cohabitation des contraires. Et puis, une pensée orientale décèlerait aussi dans les réponses du sage la recherche nécessaire d'un compromis.

Le « ou », qui exclut l'autre, fait vivre une réflexion rationnelle occidentale. Le « et », qui ouvre à la contradiction, vibre d'une sensibilité orientale.

Le lâcher prise contre la crispation

Enfin, je voudrais évoquer une dernière sensibilité apportée par la pensée orientale : le lâcher prise. Il s'agit d'accepter le monde tel qu'il est, et donc de moins en souffrir.

Dans la psychothérapie, « le travail de deuil » représente la vision occidentale du lâcher prise. Mais l'évocation, *a contrario*, de la crispation, présente dans l'expression même de « lâcher prise », me semble parlante et suggestive, propre en tout cas à apaiser les souffrances.

Dans ma pratique, ou auprès d'amis, j'ai vu des gens en difficulté, dans l'implosion ou dans l'explosion, parce qu'ils n'arrivaient pas à accepter la réalité d'un déboire professionnel ou d'une complication amoureuse. Le lâcher prise, c'est accepter la perte, c'est admettre d'avoir perdu la main. J'aime cette expression « perdre la main »... Si je veux garder la main, je me crispe et je m'obstine à voir le monde tel qu'il n'est plus pour moi. Le lâcher prise, c'est donc la lucidité, la réalité plus forte que l'illusion.

Exprimons cette pensée à la manière occidentale : celui qui, le premier, tient la main a tout à perdre. Il a momentanément gagné la partie, mais il lui faut maintenir sa position, garder une femme, rester le leader... Il y a une crispation à vouloir couler dans le bronze son leadership ou son amour. La vie est mobile, et ceux qui ne savent pas lâcher prise font preuve de rigidité, ils voudraient posséder le monde et les choses, mais la vie est fluide, elle se dérobe.

*
**

L'intérêt du zen et autres philosophies orientales est de nous apporter, ponctuellement, des petites recettes de bonheur en nous faisant prendre le chemin d'une certaine sagesse. Il ne s'agit pas de renoncer aux biens et aux joies de ce monde, il s'agit de voir ce monde tel qu'il est, avec un temps fugace mais aux instants parfois parfaits, avec ses changements inéluctables qu'il convient d'accepter au lieu de s'accrocher à des chimères, avec une vision de l'éternité qui peut nous inciter à transmettre nos connaissances et nos valeurs, et avec un calme qui éloigne de nous le stress et les pensées obsessionnelles. Cela ne résout pas tous les problèmes, mais cela peut aider à les affronter.

Les voies de la foi

Ceux qui ont la foi peuvent-ils s'appuyer sur leur croyance pour se dégager de la souffrance ? Je voudrais aborder cette question comme un psy humaniste, laïque, mais ouvert à ce qui émerge dans toute religion comme dimension de sublimation et de transcendance.

Dans le monde moderne, la religion a parfois mauvaise presse et la caricature s'empare volontiers de ses dérives institutionnelles… « Vous souffrez, mais bientôt ça ira mieux », semblent nous marteler les ecclésiastiques de tout bord. Bientôt. Dans l'Au-delà ! Mais peu nous chaut l'espoir d'un bonheur futur, nous préférons un soulagement plus immédiat !

Un autre regard critique se porterait sur le fatalisme. La croyance en Dieu favoriserait une forme d'acceptation résignée, une attitude passive, sans révolte ni verve, devant l'adversité. « Que ta volonté soit faite », clament les chrétiens, « *In'ch Allah* », répondent les musulmans.

Laissons ces aspects de côté. Ce qui nous intéresse ici, c'est l'esprit de la foi dans lequel on devine des vibrations propres à apaiser les douleurs de l'existence terrestre. L'homme en souffrance, on l'a vu, est emmuré en lui-même, auto-intoxiqué par ses passions. Or, le rapport à Dieu permet de relativiser sa propre réalité, la foi peut amener à se décentrer de soi-même, à s'accepter dans le sens du lâcher prise enseigné par le zen.

L'homme inspiré par une foi véritable sera donc animé de ces trois dynamiques : accepter la réalité de soi-même, se décentrer de soi et vivre l'humilité, c'est-à-dire la modestie, la conscience de ses limites. On est loin des critiques avancées par des sociologues pour qui tout credo serait une école de soumission et de renoncement.

La parole… et le silence

Dans le catholicisme, la confession représente un acte majeur d'expression de la foi. Or qu'est-ce que se confesser, sinon parler de soi ? On trouve ici un pont avec la pensée rationnelle : on l'a vu, il y a une vertu à verbaliser sa souffrance. Dans le monde laïque, l'écoutant est le psychiatre, le psychanalyste, le thérapeute. Dans le monde de la foi, l'oreille bienveillante est celle du curé, du pasteur, du rabbin ou de l'imam. Même si la confession n'est instituée rituellement que dans le catholicisme, le prêtre est, dans toutes les religions, celui à qui l'on peut se confier. Il est un vecteur d'expression de la souffrance humaine, il est destiné à écouter les malheurs humains et à livrer ses conseils.

Dans son spectre de solutions et de secours, la religion propose aussi la retraite, exact contraire de la parole encouragée… Si votre compagne vous a plaqué, si votre supérieur hiérarchique vous irrite, si votre monde se débine, retirez-vous quinze jours chez les moines trappistes ! Voie délicate : le mutisme bien réel et le vide apparent ne sont pas à la portée de n'importe quel imaginaire. Faire retraite, c'est aux yeux des religions s'en remettre à Dieu et lui demander la lumière, donc la lucidité ! C'est se replier sur soi, se couper de la société, se réfugier dans un endroit où les passions ne nous habitent plus. Dans la conception de la foi, cette mise à distance physique de l'homme a pour fonction de débrancher du quotidien bruyant et envahissant, de fuir le tintamarre des emportements.

Peut-on d'ailleurs se dégager profondément d'une souffrance existentielle sans faire une retraite ? Il ne s'agit pas obligatoirement de faire une retraite chez les moines trappistes ! La retraite, au sens religieux du terme, symbolise une réappropriation de soi qui peut se faire par la pensée seule. Cependant, répétons-le, la capacité de se mettre à distance par la puissance de l'esprit, tout en vivant dans le monde, est une force du psychisme qui ne s'acquiert pas facilement. Mais c'est une piste que donne la religion.

L'attention accordée à l'autre

Croire en Dieu incite naturellement à une forme d'élévation, de transcendance où l'on prend conscience à la fois de son importance et de sa petitesse. Face à sa vérité révélée, le fidèle peut en venir à une certaine humilité, même s'il est habité par un sentiment mégalomaniaque ou égocentrique. La foi, dans sa meilleure compréhension, peut dégager une acceptation plus lucide et plus humble de soi-même.

Une foi vivante, teintée de cette nécessaire humilité, suppose une attention accordée à l'autre, puisque l'autre est aussi une créature de Dieu. Parfois même, il s'agit de s'occuper davantage des autres que de soi-même, démesure qui peut entraîner ce que le psychanalyste André Berge appelait « les maladies de la vertu ». Ces malades de la vertu sont les mystiques qui, à trop se consacrer à leurs prochains, s'oublient eux-mêmes, finissant par se déstabiliser et se perdre. À l'exception peut-être des saints et des religieux, les individus qui, dans le monde profane, fonctionnent de cette manière négligent l'essentiel. Finalement, ils s'occupent mal d'autrui parce qu'ils s'occupent mal d'eux-mêmes. « Charité bien ordonnée commence par soi-même », dit la sagesse populaire.

Mais comme rien n'est simple dans l'âme humaine, cette obstination à se pencher sur la misère humaine se révèle tout de même parfois bénéfique… Le croyant qui se met à l'écoute de son semblable en est généralement curieux. Il peut alors découvrir par identification à autrui ce qu'il n'arrive pas à trouver en lui-même pour maîtriser sa propre souffrance.

La quête de l'autre se cristallise autour de cette question : que puis-je apprendre de lui ? On trouve dans ce questionnement un plaisir qui est celui de s'éloigner de la souffrance dans laquelle on se débat, un plaisir de créer du partage, de nouer du lien. Souffrir à deux ou à plusieurs est souvent moins douloureux, je l'ai dit, que de penser subjectivement que l'on est seul au monde à se torturer.

Le diable et le bon Dieu

Dans une vision plus mystique, les religions voient en l'homme le bien et le mal, le diable et le bon Dieu, le spirituel et le temporel. D'une certaine manière, cette représentation est aussi celle de la psychanalyse : le caché, le dissimulé, l'inconscient peuvent être constitués de forces ravageuses et barbares. Il est puissant, l'imaginaire de la passion destructrice retournée contre soi-même ! Elles sont robustes, les idées agressives dirigées sur autrui !

En fait, l'être humain doit admettre qu'il abrite en lui le meilleur et le pire. On peut accéder à cette vérité par le regard de la psychanalyse, qui fait émerger ces forces de l'inconscient, on peut aussi parvenir à cette complexité humaine par la religion.

On a vu que beaucoup d'entre nous, qui n'exploseront jamais, ont pourtant un imaginaire d'explosion. C'est ce que nous dit la religion, avec ses mots à elle : « Le mal est aussi en moi. » D'ailleurs, dans les représentations picturales traditionnelles, le diable ou le mal ou le démon apparaît souvent masqué, déguisé, donc dissimulé, en quelque sorte. Doit-on y voir une intuition religieuse et artistique de l'inconscient ?

Si le mal apparaît dissimulé sur les peintures, il est, en revanche, particulièrement bien identifié dans le discours religieux. Les passions de l'ego, sensitives, égotistes, sont potentiellement présentées comme destructrices, et le fidèle est pieusement appelé à s'en écarter. La foi peut ainsi engager le croyant à s'identifier à la part de lui-même inspirée par la spiritualité. Cette part spirituelle, non infiltrée par le mouvement passionnel, éloignée de l'ego comme de la souffrance, permet une réflexion sereine sur sa propre personnalité et son versant présenté comme « satanique ».

Autre voie de la spiritualité, sans doute plus subtile : dans la force de la foi, le croyant puise la conviction qu'en faisant un travail pour se dégager de la souffrance, Dieu est en lui. On a vu le besoin de l'homme souffrant de trouver une solidarité extérieure à lui-même, on a vu comment les sujets emmurés dans leur solitude sont les plus écrasés par la douleur. Or, l'intériorisation d'une puissance immanente, l'identification avec l'idée divine – ce que le christianisme appelle l'esprit saint – représentent une force : si je sais qu'une partie de moi s'identifie à une spiritualité positive qui se distancie, je ne suis plus seul. Le dépassement est possible quand le souffrant est convaincu que la partie de lui-même qui essaie de se dégager de la souffrance, de lui donner un sens, de la comprendre, est d'essence divine. « Dieu est avec moi », dit le croyant.

*
**

Psychothérapie, zen ou religion, l'être souffrant choisit-il sa solution, comme dans un grand marché aux idées ? J'y vois, pour ma part, un certain déterminisme. Les êtres humains grandissent dans un bain culturel défini, le lecteur qui a parcouru ces pages s'est sans doute identifié, par préférence élective, à l'une des trois sensibilités, celle dont il se sent le plus proche. Mû par le hasard du destin, mais aussi par la trajectoire de sa vie, par la culture ambiante, par un bagage intellectuel, chacun va se tourner tout naturellement vers l'expression qui lui semblera le mieux entrer en résonance avec sa propre sensibilité.

C'est vrai, on ne choisit pas. La vie nous donne une carte dans ce jeu, peu importe laquelle, elles proposent toutes une voie pour se dégager de la souffrance. Ces cartes ne signifient-elles pas la même chose avec des images différentes ? Une seule carte pourrait donc suffire, mais goûter le sel de chacune d'entre elles augmente notre compréhension du monde et notre aptitude au bonheur. En confrontant sa douleur à plusieurs voies de dégagement, on multiplie ses chances de retrouver la sérénité.

En fait, les mêmes enseignements sont articulés dans des langages différents, une phénoménologie distincte, un être au monde singulier, une conception du monde particulière. À travers ces quêtes thématisées de façon disparate, nous allons trouver les petites vertus du quotidien, réunir les ingrédients qui nous apprendront à être heureux…

– EN GUISE DE CONCLUSION –

APPRIVOISER LA VIE OU LES PETITES VERTUS DU QUOTIDIEN

« Le bonheur intime et propre n'est point contraire à la vertu, mais plutôt est par lui-même vertu, comme ce beau mot de vertu nous en avertit, qui veut dire puissance », écrivait le philosophe Alain dans ses *Propos sur le bonheur,* parus en 1925.

Dans cet esprit, je crois résolument à une philosophie du quotidien qui nous permettrait d'identifier les petites vertus cachées derrière les voies de dégagement de la souffrance énumérées tout au long des chapitres de ce livre. Ces petites vertus représenteraient différentes manières de nous amener à apprivoiser la vie tandis que des signes, des traces, nous désigneraient le chemin de la quête du bonheur d'exister.

On peut diviser en deux groupes ces vertus, qui sont le bonheur pour Alain : celles qui me disent quelque chose de moi et celles qui me parlent de l'autre.

On retrouvera alors un parallèle avec ce qu'on a déjà

discerné dans la manière de se vivre soi-même et de vivre l'autre, caractéristiques du travail analytique, du bouddhisme zen et de la foi.

Les vertus du moi

Les vertus qui me disent quelque chose de moi se distinguent par une acceptation de soi-même et de sa limitation. Elles supposent un certain parler vrai avec soi : « Voilà qui je suis », devrait-on pouvoir se dire.

Face à son corps, qui change et se transforme, par exemple, l'adolescent ou la personne vieillissante doit pouvoir accepter cette mutation et se couler dans la vérité de son être.

L'acceptation de la réalité

C'est une vertu que de ne pas tricher avec ce qui nous est donné. Certes, on peut modifier la réalité, dans une certaine mesure, mais il faut veiller à ne pas se laisser embarquer dans un imaginaire grandiose, déconnecté de sa propre vérité intime.

La lucidité

Elle représente une autre vertu cardinale du quotidien. Ne pas tricher avec soi, s'écouter en respectant tous les éléments constitutifs de sa propre personnalité constitue une voie vers la bonne santé mentale. Être lucide, c'est être clair sur soi-même, sans brume ni fioriture, c'est admettre des aspects de soi qui ne correspondent guère à notre idéal du moi et que nous souhaiterions tant ignorer. Progresser, c'est obtenir une claire vision de son propre moi, percevoir et accepter des éléments que l'on préférerait ne pas découvrir.

Selon la psychanalyse, être lucide sur soi-même signifie également ouvrir les yeux sur les éléments de son propre inconscient, que l'on va peu à peu s'approprier. Finalement, il y a un parallèle entre le « connais-toi toi-même » de la philosophie grecque et l'axe fondamental de la psychanalyse contenu dans cette phrase de Sigmund Freud : « *Wo es war, soll Ich werden* », que l'on pourrait traduire très librement par : « À la place d'un magma inconscient, la lucidité du moi doit apparaître », pensée qui incite à laisser émerger des éléments inconscients en soi.

Petite vertu vers le mieux-être : admettre que l'on possède tous une face cachée, dissimulée à soi-même.

Tous les hommes ne sont pas barbares, certes, mais beaucoup ont une forme de barbarie dans leur imaginaire. Savoir que cette barbarie est en soi, ne pas en avoir peur et ne pas tricher, se révèle toujours salvateur. Certains n'assument pas cette vérité, de peur d'en être débordés ; d'autres la refusent, au nom d'une image trop idéalisée d'eux-mêmes. Eh bien, précisément, la force du « connais-toi toi-même » freudien est de déterminer que ces parcelles de l'inconscient mises au jour ne vont ni nous déborder ni nous détruire. Nous devons simplement les mettre à leur place, comme des éléments de la réalité psychique qui est la nôtre.

La distanciation

Elle constitue une autre vertu. Dans la vie quotidienne, on dit de certaines personnes qu'elles sont envahies, qu'elles sont passionnées. Oui, mais en approchant ces gens passionnés, on découvre parfois que tout en eux n'est pas nécessairement envahi. Quelques-uns gardent une capacité à se distancier, à se décaler de l'image d'eux-mêmes. Lorsque j'interroge les coupables d'actes d'agression, certains me disent :

– Je ne suis pas seulement celui qui a été violent...

En entretien, je perçois très rapidement si cette capacité de distanciation existe ou non. Quand des individus subissent totalement leur « passion », on se sent étouffé en les écoutant, on devine qu'il n'y a aucune piste de dégagement...

La distanciation réside en la capacité de voir que l'image de moi est une image que je m'accole : je veux paraître ainsi. Si je parviens à concevoir cette image comme un vêtement que je peux éventuellement troquer, je vais moins souffrir dans le cas où mon image serait attaquée. En revanche, celui qui s'identifie au premier degré à des caractéristiques précises et des qualités déterminées ne supportera pas la moindre remise en cause de son « habit ».

Dans la distanciation se niche cette capacité à parvenir à une conception du moi plus épurée : par exemple si j'ai momentanément représenté l'image de l'amoureux transi, je peux représenter une autre image, être autre chose, exprimer un vécu différent.

Plus les gens sont capables de voir que la vie consiste à incarner des réalités humaines différentes, des identités humaines distinctes, des manières de concevoir le monde diverses, moins ils souffrent. Plus ils sont collés à leur propre image, plus ils souffrent.

Il faut donc être capable de se distancier, être capable de s'ouvrir aux questions : Pourquoi ce choix ? M'est-il nécessaire ? Suis-je vraiment quelqu'un qui désire cela ? André Agassi, le tennisman américain, a publié une autobiographie[1] dans laquelle il a analysé son destin de champion. Il a avoué que, pendant longtemps, il est apparu visiblement heureux, mais ne l'était pas réellement : il ne faisait que réaliser ce que son père avait rêvé, ce que son père avait exigé. Le sportif souffrait de ne pas être parvenu à s'approprier son propre destin, il vivait cette réalité comme une contrainte, alors qu'apparemment tout lui réussissait. Agassi a décrit sa souffrance d'être seulement ce qu'un autre avait mis en lui sans jamais parvenir à se l'approprier lui-même.

La souffrance est parfois faite de rigidité dans le rapport de soi-même à son image. Donc se distancier de son image ouvre les fenêtres et permet souvent de respirer un air neuf. Cette distanciation se couple avec une

1. *Open*, Ed. Plon, 2009.

capacité à pondérer les choses, à relativiser, à ne pas rester entièrement dans le mouvement passionnel. En termes de psychothérapeute, je dirais que cette pondération émerge lorsque le patient prend conscience d'une réalité évidente et source d'apaisement : la part de lui-même qui parle de la souffrance n'est pas entièrement la souffrance puisqu'elle est aussi une part de lui-même. En effet, il existe toujours une partie de l'être structurellement non infiltrée par la souffrance, c'est la partie qui pense, qui s'interroge, qui questionne. Cette partie reste en quelque sorte « aconflictuelle » : en dehors du conflit. Elle demeure sans anxiété et, si l'on parvient à l'intensifier, le sujet s'aperçoit qu'à penser sa souffrance, il ne souffre plus ou il souffre moins.

La partie de moi-même qui se dégage de l'orage passionnel, qui fuit l'angoisse pour penser la souffrance, se dégage de la souffrance.

Lorsque j'étais jeune psychanalyste, j'ai reçu un patient qui, banalement, avait une épouse et une maîtresse... Il se trouvait dans une angoisse terrible parce qu'il ne savait pas laquelle choisir. Un jour, sa femme découvrit l'existence de sa rivale et menaça de se suicider. Il s'interrogeait sur ce qu'il devait faire et se trouvait en stress permanent. Au cours d'une séance de psychanalyse, il me raconta une nouvelle dispute avec son épouse...

– Je sens que tu vas me quitter, je vais me jeter dans la Seine ! avait-elle crié.

Elle sortit brusquement. Un instant, il resta immobile, tétanisé, ne sachant que faire. Anxieux, il se résolut à courir après sa femme. En descendant l'escalier, il se vit sautiller de marche en marche, comme dans un vieux film de Charlot… Toujours très inquiet, il perçut pourtant le comique de la situation ! Dans son fonctionnement psychique, il visualisa la scène et se mit à rire tout en poursuivant son épouse…

Quand on en a parlé, il m'a dit combien il avait été surpris de ressentir à la fois le rire et l'angoisse, deux expressions antinomiques. Face à l'éprouvé de cette cohabitation d'une souffrance et d'une distanciation comique, il s'est dit qu'il devenait fou ! Mais en même temps, il a parfaitement analysé que le rire lui offrait une liberté refusée par l'angoisse. Il a compris qu'il n'était pas entièrement celui qui souffrait, qu'il n'était pas seulement celui qui s'angoissait. Cette conscience qui permet de savoir qu'une partie de soi-même n'est pas envahie par la souffrance est un élément fondamental qui mène vers le dégagement.

Une autre manière de comprendre qu'une partie de soi reste épargnée par la souffrance serait de continuer, dans la souffrance même, de ressentir en soi le plaisir de penser.

Quelle que soit l'intensité de la souffrance, les sujets adaptatifs conservent la liberté de penser.

Comment ne pas évoquer ici ces témoignages bouleversants de gens revenus des camps de la mort nazis ? Des écrivains comme Élie Wiesel ou Imre Kertész ont eu la force de créer de la pensée, de réfléchir sur ce qui est arrivé, de donner une image d'eux-mêmes que ni l'autre, ni les évènements, ni la vie n'ont pu détruire. C'est ce que j'appelle la force du plaisir de penser. Il s'agit d'une identification totale à la partie de soi-même qui échappe à toute souffrance parce qu'elle peut continuer à penser avec plaisir, en dépit de la souffrance.

En définitive, la capacité à penser son destin est une caractéristique de l'être humain. Être lucide sur sa propre souffrance, s'en extraire par un travail de réflexion, c'est déjà se dégager de cette souffrance.

Et puis il y a aussi, autre plaisir de la pensée libérée, l'humour à ses propres dépens ! La capacité à créer du comique, à pratiquer de façon ludique l'autocritique, à éprouver le plaisir doux-amer de se moquer de soi-même est également une petite vertu du quotidien.

Les vertus de l'autre

La sensibilité à autrui

L'être souffrant ne pense pas d'emblée à l'autre, il ne croit pas immédiatement que l'autre puisse cristalliser l'ébauche d'une solution. La sensibilité à autrui représente pourtant une vertu fondamentale.

Quand un de mes patients refuse de rencontrer une personne ayant enduré la même souffrance que lui, je comprends immédiatement qu'il éprouve une non-sensibilité à l'autre.

En revanche, la personnalité de celui qui va accepter de rencontrer un autre souffrant se détermine d'abord par une curiosité – curiosité que nous avons valorisée où qu'elle se tourne, que ce soit vers un people, le héros d'un roman, un psychanalyste, un ami ou un groupe. Dans ce cas-là perdure l'envie, peut-être le plaisir, d'écouter l'autre. Au lieu de verbaliser ma souffrance, je deviens oreille, je suis celui qui écoute.

Quand s'enclenchent à la fois une capacité à parler de soi et une disposition à l'écoute de l'autre, on entre dans une voie de dégagement de la souffrance.

Lorsque ce double mouvement d'autoquestionnement et de curiosité se met en marche, il se crée une dynamique extrêmement féconde. Si un seul de ces axes est au rendez-vous – questionnement ou curiosité –, la voie de sortie de la souffrance se révèle nettement plus problématique.

Cela dit, la quête de l'autre ne donne pas immédiatement des clés : il faut savoir décoder le discours entendu. Le témoignage dont l'autre gratifie le souffrant en le considérant comme un confident peut aider, mais il n'indique pas d'emblée des voies de sortie, car l'écoutant ne possède pas obligatoirement les clés du dégagement. Cependant, il est parfois plus facile de pressentir les mécanismes de ce dégagement et d'exprimer des idées pour les autres que pour soi-même : face à la souffrance de l'autre, on se situe à distance, on bénéficie d'un certain recul. Quand Éric Fromm dit : « Mes analysants m'ont analysé », comme on l'a vu, ses patients ne lui ont évidemment rien dit de précis sur ses propres problèmes : c'est en écoutant les souffrances existentielles chez les autres, puis en reconnaissant les siennes, que le psychanalyste allemand a su comprendre leurs mécanismes et entrevoir les nécessaires voies de dégagement.

La générosité

Dans ce mouvement d'écoute de l'autre, la générosité est une autre vertu. Une vertu qui ne va pas de soi. Dans ma pratique concrète, j'ai été frappé par le psychisme peu généreux de ceux qui disent que les autres ne les aideront pas, que les autres ne les intéressent pas, alors même que je leur explique que rien n'est plus dynamique que d'avoir d'abord un espace d'analyse seul, puis un espace en groupe, avec d'autres qui peuvent éprouver les mêmes problématiques.

En effet, il faut une certaine générosité pour bien écouter l'autre, il faut être ouvert, capable d'entendre des choses différentes, susceptible de percevoir tous les possibles, prêt à accepter différentes formulations. Les autres nous déstabilisent toujours pour la simple et bonne raison qu'ils ne sont pas comme nous, il faut donc une certaine générosité pour pouvoir les écouter de façon tranquille, sans plaquer sur eux nos préjugés, nos prismes, nos jugements. Dans cette capacité profonde à écouter, un certain goût des autres se révèle indispensable, et cette vertu n'est pas la plus partagée.

La tolérance

Parallèlement à la générosité, la tolérance est une autre petite vertu, toute simple. Ne faut-il pas se montrer tolérant devant la différence ? Pour mieux rencontrer chez l'autre le même que soi, pour mieux discerner la chose qui nous habite, nous passerons immanquablement par des moments d'irritation, d'énervement, de déstabilisation, autant d'effets nés de la différence. C'est vrai, la tolérance de la différence ne va pas de soi !

Freud parlait du « narcissisme des petites différences ». N'a-t-on pas, en effet, tendance à penser que nos petites différences à nous sont bien plus belles, bien plus valorisantes, bien plus légitimes que celles du voisin ? La tolérance de l'autre est donc une réelle qualité du quotidien. Si je parviens à accepter que d'autres existent en formulant un rapport singulier à la vie, divergent du mien, loin de ma propre vérité, si je l'admets dans l'imaginaire, je fais un pas vers le prochain et vers le dégagement de ma souffrance.

L'imaginaire

Je me souviens d'un moment important de ma vie, une petite révolution interne : j'étais en terminale, et je lisais un passage de *Six Personnages en quête d'auteur*, la pièce de Luigi Pirandello… C'était comme si le personnage ne savait pas qui il était et se glissait successivement dans plusieurs personnalités. J'avais jusqu'alors une vision classique de l'identité : on était quelqu'un, on était celui-là, on était comme ça, et ma réflexion n'allait pas plus loin. Avec Pirandello, tout se révélait différent. Quelqu'un pouvait donc se demander qui il était ? Quelqu'un pouvait donc chercher quelle personnalité il voulait incarner ? Jamais les personnages pirandelliens ne s'affirment selon un caractère accompli et déterminé, ils expriment seulement leur capacité à exister et à se glisser dans des peaux différentes. Pour moi, qui avais une facilité à m'identifier aux autres, même à ceux qui m'apparaissaient très différents, cette lecture était passionnante. Pirandello a décuplé en moi la capacité à me plonger dans la réalité de l'autre, ce qui explique sans doute ma première passion, la psychanalyse.

On peut toujours s'identifier à l'autre, même si l'on ne partage ni son parcours ni son esprit. Certains acteurs révèlent volontiers que tel personnage incarné à l'écran ne les intéresserait pas dans la vraie vie, mais avouent avoir tout de même été passionnés par l'interprétation qu'ils en ont faite devant la caméra, pour vivre un possible improbable.

Et si l'être souffrant pouvait se glisser dans la peau d'autres protagonistes qui vivent la même douleur, s'il pouvait imaginer tous les scénarios possibles, il serait sans doute lavé de la passion et éviterait l'explosion ou l'implosion dramatique.

Se glisser fictivement dans des vies différentes de la sienne représente un vecteur profond de dégagement de la souffrance. Cette souplesse va décupler la capacité à imaginer et à penser, tout en apaisant le quotidien.

La plupart des gens qui explosent, voire qui implosent, ont une certaine pauvreté de l'imaginaire. Chez beaucoup de créatifs, au contraire, on retrouve cette envie de se glisser dans la peau de personnages : le romancier, le cinéaste, l'acteur… On trouve aussi ces qualités chez ceux qui font du théâtre comme un loisir ou ceux qui résolvent aisément les conflits des autres, au travail, dans le voisinage, dans la famille… Ceux-là ne parviennent-ils pas, par la diplomatie, à se mettre successivement à la place de chacun ?

On peut aussi voir la vie quotidienne comme un théâtre où chacun de nous peut choisir ses rôles et donc se décentrer de lui-même pour revenir plus riche de ce voyage d'identifications. Jouer de cette manière pourrait dispenser de l'explosion dans le réel.

Mais si l'on a besoin de l'imaginaire des autres, si l'on n'exerce pas un métier qui place cette créativité au premier plan, l'art et la littérature peuvent venir remplir cette fonction apaisante. Si ce travail d'identification est accompli, si par la lecture, par le théâtre, par le cinéma, je me propulse dans un monde rêvé, alors ces formes d'expression ont une véritable utilité. Encore faut-il accomplir un travail psychique sur le personnage proposé pour apprendre quelque chose de soi par l'autre.

Parfois, les gens en restent malheureusement au premier degré de l'identification. Tel personnage leur a plu parce qu'il leur parle un peu d'eux, mais ces lecteurs ou ces spectateurs n'accomplissent pas le réel travail de se glisser vraiment dans la peau de l'autre : l'identification en reste au stade minimum.

Un psychanalyste américain a expliqué ainsi la capacité d'écoute : « Pour bien comprendre ce que me dit quelqu'un qui me parle, je me demande si je pourrais être le metteur en scène qui donnerait des indications aux acteurs chargés d'interpréter la scène que j'entends. Si je me sens capable d'être ce metteur en scène, cela signifie que je comprends celui qui me parle. » Cette approche, très concrète, m'a beaucoup inspiré dans ma façon d'écouter les autres.

Bien s'identifier à autrui, c'est vouloir et pouvoir être l'acteur du rôle ! Cette identification parfaite va toujours nous apprendre quelque chose sur nous-mêmes.

*
**

Le bonheur dont nous parle Alain est fait de petites vertus de l'âme qui s'additionnent et nous permettent de ressentir du bien-être, nous donnent les moyens de traverser les orages de la vie. « Il faut voir Sisyphe heureux… » La vie, c'est un chemin plus qu'un but à atteindre.

Les petites vertus que nous venons d'énoncer sont les ingrédients de l'équilibre des gens heureux. Nous traversons tous des périodes difficiles, génératrices de souffrance, le torrent de destructivité qui crée l'explosion ou l'implosion sommeille en chacun de nous. Certains pourtant trouvent le chemin d'un savoir-être avec la vie qui rend la souffrance moins étouffante, moins angoissante, moins destructrice.

Dans ce voyage en nous-mêmes et à l'écoute des autres, la potentialité de la souffrance s'est toujours articulée sur des ressentis présents chez tous les êtres humains. Plutôt que d'avoir une pensée statique qui s'accrocherait à l'idée que les destins sont tout tracés, prenons conscience que toutes les éventualités sont potentiellement en chacun d'entre nous…

L'adaptatif sait que le malheur n'est pas éternel, alors que le passionné l'ignore. Là se réfugie sans doute la force de celui qui est heureux. Pour lui, la vie reprend ses droits après la nuit, et dans ce matin nouveau se lèvent le plaisir d'exister, l'ivresse d'une nouvelle amitié, l'étonnement d'un nouvel amour… Pour celui qui est devenu sage, la vie est un perpétuel recommencement. Il se montre prompt à investir, se dépouiller, faire le deuil, se relancer, montrer sa créativité pour laisser derrière lui les oripeaux du passé. Quand on reste dans le torrent de la vie, les forces du bonheur triomphent toujours.

– TABLE DES MATIÈRES –

– Deuxième partie –

SE DÉGAGER DE LA SOUFFRANCE POUR APPRIVOISER LA VIE

Direction littéraire
Huguette Maure
assistée de
Estelle Flory

Composition PCA
44400 – Rezé

IMPRIM'VERT®

Imprimé en France
par Corlet Imprimeur
14110 Condé sur Noireau
Dépôt légal : mars 2011
N° d'impression : 136204
ISBN : 978-2-7499-1236-3
LAF 1058